とちぎで生きるあなたの記録帳
マイヒストリーブック

記入開始日　　　年　　　月　　　日

氏　名

自分の写真

下野新聞社

はじめに

　この度は、「マイヒストリーブック」をお手に取っていただきありがとうございます。
　「半生を振り返ってみたい」「自分の備忘録を作っておきたい」「家族友人に自分の歩みを残しておきたい」など考えている方が、手軽にご自身の情報を書き込めるスタイルのノートブックです。
　また、「いつかは自分史を執筆してみたい」と考えている方には、基本資料となる「データベース」をご自身でおつくりいただける内容になっています。
　まずは、パラパラとページをめくってみてください。
　生まれたときから、幼少期、小中高校、大学を経て社会人となり、家庭を持ち、お子様、お孫様がご誕生になるまで、どのような人生を歩まれたのかを一問一答形式で書きとめる形になっています。
　さあ書いてみよう——いざそう思い立っても、過去の出来事を思い出すのはなかなか容易なことではありません。人間の記憶というものは、つくづくあいまいなものだとお感じになるでしょう。
　「この時私は何をしていたのだろう」「どんなことが世の中で起きていたのだろう」そう迷ったら、後半の 資料のページを参照してみてください。昭和元年から平成30年までの年表で、その時代時代の出来事を眺めているうちに、少しずつでも記憶がよみがえってくるかもしれません。また、年表以外にも、ノートを書き込む上で少しでも参考になるような物価の推移など若干の資料を付しております。
　それではさっそく、ノートづくりを始めていきましょう。
　書き込むのはどのページからでもOKです。分かるところから順に埋めていきましょう。
　各項目は、ぜひご自身でお調べになって埋めましょう。そしてありのままに書いていきましょう。あやふやな記憶の箇所を無理に書きこむことはありません。間違っても、「うそ」を書くことはやめましょう。ご自身のためにもなりません。
　あれこれ調べるのは決して楽な作業ではないかもしれません。それでも面倒がらずに、「自分の半生を振り返る良い機会だ」と考え、倉庫や書棚に眠る古い資料を引っ張り出してみるのもいいですし、ご家族友人などにたずねるなどして、丹念に書き込んでみましょう。
　余計なことながら1点ご注意を。自分以外の方のことを記すときは、相手を誹謗中傷するようなことは書かないよう心がけましょう。ヒストリーブックは「ねたみ帳」ではありませんので。
　また、ノート後半には、ご自身の資産や家族親類知人などの連絡先、かかりつけの病院などを書き込むメモ欄がありますので、備忘録帳としてお使いください。
　すべてのページを書き終えたときに、あなただけの、あなた以外誰も作ることのできない、「マイヒストリーブック」が完成しています。
　その時はきっと、このノートブックがあなたにとってかけがえのない貴重な財産となっていることでしょう。

目 次

はじめに 2

自分の基本データ 4

あなたの記録帳のページ 5

① 誕生／② 家族／③ 就学前／④ 小学生／⑤ 中学生／⑥ 高校生
⑦ 大学・短大・専門学校など／⑧ 社会人〈青年期〉／⑨ 結婚
⑩ お子さんについて／⑪ 社会人〈壮年期〉
⑫ 定年後、事業引退後〈熟年期〜現在〉／⑬ お孫さんについて
⑭ 戦争〈戦争体験者の方〉／⑮ 現在のご自身について
⑯ 旅の思い出／⑰ マイ年表／⑱ その他

あなたの備忘録のページ 95

① 家系図ひな形／② 連絡先／③ 預貯金／④ 保険／⑤ 証券
⑥ クレジットカード／⑦ 不動産／⑧ 口座引き落とし一覧
⑨ ローン・キャッシング一覧／⑩ あなたが大切にしている物
⑪ かかりつけの病院／⑫ 服用している薬

記録を書き込む時に役立つ 資料編 113

栃木県・国内外年表（昭和元年〜平成30年）／西暦和暦干支早見表
栃木県内市町村合併史／栃木県内小学校 統廃合一覧
栃木県内中学校 統廃合一覧／栃木県内の高等学校
栃木県内の大学・短大・高専／歴代栃木県知事（昭和以降）
歴代栃木県議会議長（昭和以降）／栃木県 歴代国会議員（衆・参）
歴代総理大臣（昭和以降）／消費者物価指数＆主要耐久消費財の普及率
物価の推移

自分の基本データ

ふりがな

氏　名　　　　　　　　　　　　　　　　（旧姓　　　　　　　　　）

生年月日　西暦　　　　年（明治・大正・昭和・平成　　　年）　　月　　日

現住所　〒

| 電話 | FAX | 携帯電話 |

メールアドレス ①

　　　　　　　②

　　　　　　　③

勤務先

勤務先住所　〒

| 勤務先電話 | 勤務先 FAX |

住民票コード

健康保険証（ナンバーなど）

介護保険証番号

パスポートナンバー

あなたの記録帳のページ

① 誕生 6
② 家族 8
③ 就学前 10
④ 小学生 14
⑤ 中学生 22
⑥ 高校生 30
⑦ 大学・短大・専門学校など 38
⑧ 社会人〈青年期〉 46
⑨ 結婚 52
⑩ お子さんについて 54
⑪ 社会人〈壮年期〉 64
⑫ 定年後、事業引退後〈熟年期～現在〉 68
⑬ お孫さんについて 72
⑭ 戦争〈戦争体験者の方〉 80
⑮ 現在のご自身について 84
⑯ 旅の思い出 88
⑰ マイ年表 92
⑱ その他 94

❶ 誕 生

Q 生年月日、時間、その日の天候は？

A 西暦　　　年（明治・大正・昭和・平成　　　年）　　月　　日
　　時　　分　／　☀　☁　☂　☃

Q 生まれたところは？（病院、自宅など。住所も）

A 病院（病院名：　　　　　　　　　　　　　　　　　　　　　　　　）
　　自宅（住所：　　　　　　　　　　　　　　　　　　　　　　　　　）
　　その他（施設名：　　　　　　　住所：　　　　　　　　　　　　　）

Q 生まれ故郷の特徴は何ですか？（特産物、観光地、出身有名人など）

A 特産物：
　　観光地：
　　有名人：
　　その他：

Q 生まれた時の身長体重は？

A 身長：　　　　cm　／　体重：　　　　　g

Q あなたのお名前の由来・意味は？　名づけた方は？

A 由来：
　　意味：
　　名づけた方：

Q 生まれた年の世相は？（巻末資料参照）

A

MEMO

❷ 家　族

Q 両親兄弟のことについてお書きください

A 両親の仕事、性格、家庭での出来事、兄弟の性格、あなたとの仲など：

Q 親戚家系図が分かればお書きください（備忘録のページ96頁参照）

A

Q 先祖のルーツが分かればお書きください

A

MEMO

❸ 就学前 その1

西暦　　　年～　　　年

Q 幼稚園保育園について。（園名、所在地、先生のお名前など）

A 園名：
所在地：
先生のお名前：
その他：

Q 遠足、運動会、クリスマス会、卒園式…行事の思い出は？

A

Q 両親や先生からは、どんな子供だと言われていましたか？

A 両親から：

先生から：

MEMO

自分の基本データ

あなたの記録帳のページ

あなたの備忘録のページ

記録を書き込む時に役立つ 資料編

❸ 就 学 前 その2

Q どんな遊びが好きでしたか？
A

Q どんな食べ物が好きでしたか？
A

Q 仲の良いお友達・近所の子は誰でしたか？その方についての思い出は？
A お友達：
思い出：

近所の子：
思い出：

Q 当時の世相は？（巻末資料参照）
A

MEMO

❹ 小学生 その1

西暦　　　　年～　　　　年

Q 校名、所在地、担任の先生、印象に残っている先生。

A 校名：
所在地：
担任の先生：
印象に残っている先生：

Q 通知表の成績はどうでしたか？

A 優 ／ 良 ／ 可 ／ 不可

Q 得意不得意の教科はありましたか？それぞれ理由はありますか？

A 得意教科：
理由：

不得意教科：
理由：

Q 初恋の相手はいましたか？どんな方でしたか？

A お名前：
人柄：

Q 小学生時代の一番の楽しみは何でしたか？（低学年、高学年それぞれで）

A 低学年：
高学年：

14

MEMO

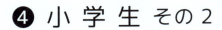

❹ 小学生 その2

Q 学童スポーツ、文化部活動は何をしていましたか？思い出は？

A 学童スポーツ：

思い出：

文化部活動：

思い出：

Q お昼はお弁当でしたか、給食でしたか？

A お弁当　／　給食

Q 好きなメニュー、嫌いなおかずなどは？

A 好きなメニューやおかず：

嫌いなメニューやおかず：

Q 校内外問わず、表彰されたことはありますか。

A 有　／　無　　　いつごろ：
　　　　　　　　　表彰内容：
その他：

MEMO

❹ 小 学 生 その3

Q どんな本・漫画を読んでいましたか？
A 本：

漫画：

Q どんなテレビ番組・ラジオ番組を視聴していましたか？
A テレビ番組：

ラジオ番組：

Q 学校行事の思い出はありますか？
A 遠足、修学旅行、運動会、学芸会、卒業式など：

Q 両親、先生にほめられたことで印象に残っていることはありますか？
A

MEMO

❹ 小学生 その4

Q 両親、先生にしかられたことで印象に残っていることはありますか？
A

Q 仲の良いお友達・近所の子は誰でしたか？その方についての思い出は？
A お友達：
思い出：

近所の子：
思い出：

Q このころ将来何になりたいと考えていましたか？
A

Q このころはどういう性格でしたか？
A

Q 当時の世相は？（巻末資料参照）
A

MEMO

❺ 中学生 その1

西暦　　　年 〜　　　年

Q 校名、所在地、担任の先生、印象に残っている先生。

A 校名：
所在地：
担任の先生：
印象に残っている先生：

Q 通知表の成績はどうでしたか？

A 優　／　良　／　可　／　不可

Q 得意不得意の教科はありましたか？それぞれ理由はありますか？

A 得意教科：
理由：

不得意教科：
理由：

Q 中学時代の一番の楽しみは何でしたか？

A

Q どんな本・漫画を読んでいましたか？

A 本：

漫画：

MEMO

❺ 中学生 その2

Q どんなテレビ番組・ラジオ番組を視聴していましたか？

A テレビ番組：

ラジオ番組：

Q どんな音楽を聴いていましたか？

A

Q 思い出すのも恥ずかしい失敗話はありますか？

A

Q 部活動・クラブ活動は何をしていましたか？どんな思い出がありますか？

A 部活動：
思い出：

クラブ活動：
思い出：

MEMO

❺ 中学生 その3

Q お昼はお弁当でしたか、給食でしたか？

A お弁当 ／ 給食

Q 好きなメニュー、嫌いなおかずなどは？

A 好きなメニューやおかず：
嫌いなメニューやおかず：

Q 校内外問わず、表彰されたことはありますか。

A 有 ／ 無　　　いつごろ：
表彰内容：

Q 学校行事の思い出は？

A 遠足、修学旅行、体育祭、文化祭、卒業式など：

Q 両親、先生にほめられたことで印象に残っていることはありますか？

A

MEMO

❺ 中学生 その4

Q 両親、先生にしかられたことで印象に残っていることはありますか？
A

Q 仲の良い友達は誰でしたか。その方についての思い出は？
A お友達：
思い出：

Q 制服はありましたか？どんな制服でしたか？
A 有 ／ 無　　学ラン ／ セーラー服 ／ ブレザー ／ その他（　　　　）

Q 好きな異性はいましたか？どんな方でしたか？
A お名前：
人柄：

Q このころ将来何になりたいと考えていましたか？
A

Q このころはどういう性格でしたか？
A

Q 当時の世相は？（巻末資料参照）
A

MEMO

❻ 高校生 その1

西暦　　　年〜　　　年

Q 校名、学科、所在地、担任の先生、印象に残っている先生、校風。

A 校名：　　　　　　　　　　　　　　学科：
所在地：
担任の先生：
印象に残っている先生：
校風：

Q 通知表の成績はどうでしたか？

A 優　／　良　／　可　／　不可

Q 得意不得意の教科はありましたか？それぞれ理由はありますか？

A 得意教科：　　　　　　　　　　　理由：
不得意教科：　　　　　　　　　　理由：

Q 高校時代に一番夢中になったことはありますか？

A 有　／　無　　　内容：

Q どんな本・漫画を読んでいましたか？どんな映画をご覧になりましたか？

A 本：

漫画：

映画：

MEMO

❻ 高校生 その2

Q その中に、今のあなたを形成するような運命的な作品はありましたか？

A 作品名：

運命ポイント：

Q どんなテレビ番組・ラジオ番組を視聴していましたか？

A テレビ番組：

ラジオ番組：

Q どんな音楽を聴いていましたか？

A

Q 部活動・クラブ活動は何をしていましたか？どんな思い出がありますか？

A 部活動：

思い出：

クラブ活動：

思い出：

MEMO

❻ 高校生 その3

Q お昼はお弁当でしたか、購買部などで購入していましたか？

A お弁当 ／ 購買部で購入 ／ その他（　　　　　　）

Q 好きなメニュー、嫌いなおかずはありましたか？

A 好きなメニューやおかず：
嫌いなメニューやおかず：

Q 「早弁」はしていましたか？

A 毎日していた ／ 時々していた ／ したことがない

Q 校内外問わず、表彰されたことはありますか。

A 有 ／ 無　　　いつごろ：
表彰内容：

Q 学校行事の思い出は？

A 修学旅行、体育祭、文化祭、卒業式など：

MEMO

❻ 高校生 その4

Q 仲の良い友達は誰でしたか。その方についての思い出は？

A お友達：

思い出：

Q 制服はありましたか？どんな制服でしたか？

A 有 ／ 無　　学ラン ／ セーラー服 ／ ブレザー ／ その他（　　　　　）

Q 将来の目標・夢はありましたか？

A 目標：

夢：

Q 卒業後の進路はいつごろどうやって決めましたか？

A いつごろ：

どうやって：

Q ラブロマンスはありましたか？恋をしていましたか？

A まったくない　／　片想いだった　／　お付き合いしたことがある

Q どんな相手でしたか？

A お名前：

人柄：

Q 当時の世相は？（巻末資料参照）

A

MEMO

❼ 大学・短大・専門学校など その１

西暦　　　年〜　　　年

Q 校名、専攻、所在地。

A 校名：
専攻：
所在地：

Q 学生生活で一番熱中したことは何ですか？

A

Q スポーツや文化活動は何か取り組んでいましたか？どんな思い出がありますか？

A 活動：
思い出：

Q アルバイトをしていましたか？思い出は？

A アルバイト：
思い出：

アルバイト：
思い出：

MEMO

❼ 大学・短大・専門学校など その2

Q ゼミや研究室など印象に残っている授業はありますか？

A 授業：
内容：

授業：
内容：

Q 印象に残っている教授・先生はいらっしゃいますか？

A お名前：
理由：

Q 旅行はどんなところに行きましたか？誰と行ってどんな思い出がありますか？

A 旅行先：
同行者：
思い出：

旅行先：
同行者：
思い出：

MEMO

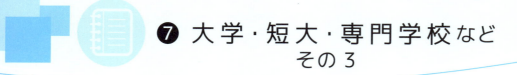

❼ 大学・短大・専門学校 など
その３

Q お付き合いをしていた異性はいましたか？

A いなかった ／ お付き合いしていた（告白して ／ 告白されて）

お名前：　　　　　　　　いつごろ：

その他：

Q 好きな方はいましたか？どんな方でしたか？

A お名前：　　　　　　　　　　　　　まったくいなかった
　　人柄：

Q 就職活動はいつごろから始めましたか？

A

Q どんな職種を希望していましたか？

A

MEMO

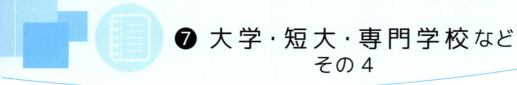

❼ 大学・短大・専門学校など その４

Q どんな書籍・映画をご覧になりましたか？

A 書籍：

映画：

Q その中に、今のあなたを形成するような運命的な作品はありましたか？

A 作品名：
ポイント：

Q 卒業論文・制作・研究のテーマは何ですか？

A

Q それを選択した理由は何ですか？

A

Q 当時の世相は？（巻末資料参照）

A

MEMO

❽ 社会人 ＜青年期＞ その１

西暦　　　　年から働き始める

Q どうしてその仕事（会社）を選びましたか？

A　会社名：
　　職種：
　　選んだポイント：

Q それはどんな仕事ですか。仕事の内容は？

A

Q 社会人になって良かったことは何ですか？

A

Q 反対につらかったことはありますか？

A

MEMO

❽ 社 会 人 ＜青年期＞ その2

Q 初任給（初収入）で何を購入しましたか？

A 初任給：　　　　　　　　　　円
　　購入したもの：

　　誰のために：

Q あなたのその後の人生に大きく影響を与えた人物はいましたか？

A お名前：
　　理由：

Q あなたのその後の人生に大きく影響を与えた書籍・映画はありましたか？

A 書籍：
　　ポイント：

　　映画：
　　ポイント：

Q お酒は飲みますか？タバコは吸いますか？お酒での失敗はありましたか？

A お酒：　飲む　／　飲まない　　　タバコ：　吸う　／　吸わない
　　失敗談：

MEMO

❽ 社会人 ＜青年期＞ その３

Q 将来の目標はありましたか？
A

Q 恋愛や失恋の思い出話はありますか？
A

Q うれしかった出来事、悲しかった出来事は？
A　うれしかったこと：

　　悲しかったこと：

Q あなたにとって印象的な出来事があった年と当時の世相は？（巻末の年表参照）
A

MEMO

❾ 結婚

Q 出会いのエピソードは？

A いつ：　　　　　　　　どこで：

Q 奥様旦那様の最初の印象はどうでしたか。その後は変わりましたか？

A 最初の印象：
その後：

Q 新婚旅行はどこに行きましたか？思い出話は？

A 旅行先：
思い出：

Q 結婚生活はどうでしたか？苦労話はありますか？楽しい思い出は？

A

Q 大きな喧嘩をしたことはありますか？

A 有 ／ 無　　内容：

Q お互いの両親・親族との関係はどうでしたか？

A

MEMO

❿ お子さんについて

＜第一子＞

Q お名前と名前の由来

A お名前：　　　　　　　　　　　　　　性別：　男　／　女
由来：

Q 生年月日、曜日、時間、場所、天気

A 　　　年　　　月　　　日　　曜日　／　　時　　分
生まれた場所：　　　　　　　　　　　天気：　☀　☁　☂　⛄

Q 生まれた時の思い出は？

A

Q 学歴職歴

A

Q 趣味特技

A

Q 性格

A

54

Q 子供のころはどんなお子さんでしたか？
A

Q その後はどういう風に成長されましたか？
A

Q しつけるうえで特に気をつけたことはありますか？
A

Q 現在のお子さんについて気付いたことをお書きください
A

Q お子さんにはどんなことを期待していますか？
A

❿ お子さんについて

<第二子>

Q お名前と名前の由来

A お名前：　　　　　　　　　　　　　　性別： 男 ／ 女
　由来：

Q 生年月日、曜日、時間、場所、天気

A 　　年　　月　　日　　曜日 ／ 　　時　　分
　生まれた場所：　　　　　　　　　　　天気： ☀ ☁ ☂ ⛄

Q 生まれた時の思い出は？

A

Q 学歴職歴

A

Q 趣味特技

A

Q 性格

A

Q 子供のころはどんなお子さんでしたか？
A

Q その後はどういう風に成長されましたか？
A

Q しつけるうえで特に気をつけたことはありますか？
A

Q 現在のお子さんについて気付いたことをお書きください
A

Q お子さんにはどんなことを期待していますか？
A

❿ お子さんについて

<第三子>

Q お名前と名前の由来

A　お名前：　　　　　　　　　　　　　性別： 男 ／ 女
　　由来：

Q 生年月日、曜日、時間、場所、天気

A　　　　年　　　月　　　日　　曜日 ／　　時　　分
　　生まれた場所：　　　　　　　　　　天気： ☀ ☁ ☂ ⛄

Q 生まれた時の思い出は？

A

Q 学歴職歴

A

Q 趣味特技

A

Q 性格

A

Q 子供のころはどんなお子さんでしたか？

A

Q その後はどういう風に成長されましたか？

A

Q しつけるうえで特に気をつけたことはありますか？

A

Q 現在のお子さんについて気付いたことをお書きください

A

Q お子さんにはどんなことを期待していますか？

A

MEMO

MEMO

MEMO

MEMO

⓫ 社会人 ＜壮年期＞ その1

Q 住宅ローンや教育などお金にまつわる苦労話は？

A

Q 人生での目標はありましたか？

A

Q 仕事での成功、失敗談はありますか？

A

MEMO

自分の基本データ

あなたの記録帳のページ

あなたの備忘録のページ

記録を書き込む時に役立つ 資料編

⑪ 社会人＜壮年期＞その2

Q ご自身と奥様旦那様は、大きな病気などにかかりましたか？

A ご自身：

パートナー：

Q うれしかったこと、悲しかった出来事は？

A うれしかったこと：

悲しかった出来事：

Q あなたにとって印象的な出来事があった年と当時の世相は。(巻末の年表参照)

A

MEMO

⓬ 定年後、事業引退後
＜熟年期～現在＞ その１

西暦　　　　年に定年・引退

Q お仕事をされない生活はいかがですか？

A

Q 何をしているときが一番充実していますか？

A

Q 持病はありますか？またどのように対処していますか？

A 有（症状：　　　　　　　　　　　　　　　　　）／ 無

MEMO

⓬ 定年後、事業引退後
＜熟年期～現在＞ その２

Q 健康のために普段から心がけていることはありますか？

A

Q ご友人、近所付き合い、親戚付き合いで仲の良い方はいますか？

A　お名前：　　　　　　　　　ご関係：

Q その方はどんな方ですか？

A

Q 自治会など公職歴はありますか？どんな苦労がありましたか？

A　公職歴：

MEMO

⓭ お孫さんについて

Q お名前と名前の由来

A お名前：　　　　　　　　　　　　　　　　　性別： 男 ／ 女
　由来：　　　　　　　　　　　　　　　　　　親：

Q 生年月日、曜日、時間、場所、天気

A 　　　年　　月　　日　　曜日／　　時　　分
　生まれた場所：　　　　　　　　　　　　　天気： ☀ ☁ ☂ ⛄

Q 生まれた時の思い出は？

A

Q 学歴職歴　　　　　　　　　　**Q 趣味特技**

A　　　　　　　　　　　　　　　　A

Q お孫さんはどんなお子さんですか？

A

Q お孫さんについて気付いたことをお書きください

A

Q お孫さんにはどんなことを期待していますか？

A

Q	お名前と名前の由来

A　お名前：　　　　　　　　　　　　　　　性別：　男　／　女
　　由来：　　　　　　　　　　　　　　　　親：

Q	生年月日、曜日、時間、場所、天気

A　　　　年　　　月　　　日　　　曜日　／　　時　　分
　　生まれた場所：　　　　　　　　　　　　天気：　☀　☁　☂　⛄

Q	生まれた時の思い出は？

A

Q	学歴職歴	Q	趣味特技

A　　　　　　　　　　　　A

Q	お孫さんはどんなお子さんですか？

A

Q	お孫さんについて気付いたことをお書きください

A

Q	お孫さんにはどんなことを期待していますか？

A

自分の基本データ

あなたの記録帳のページ

あなたの備忘録のページ

記録を書き込む時に役立つ 資料編

⓭ お孫さんについて

Q お名前と名前の由来
A お名前：　　　　　　　　　　　　　　　性別： 男 ／ 女
由来：　　　　　　　　　　　　　　　　親：

Q 生年月日、曜日、時間、場所、天気
A 　　年　　月　　日　　曜日／　　時　　分
生まれた場所：　　　　　　　　　　　天気：☀ ☁ ☂ ⛄

Q 生まれた時の思い出は？
A

Q 学歴職歴
A

Q 趣味特技
A

Q お孫さんはどんなお子さんですか？
A

Q お孫さんについて気付いたことをお書きください
A

Q お孫さんにはどんなことを期待していますか？
A

Q お名前と名前の由来

A お名前：　　　　　　　　　　　　　　　性別：　男　／　女
由来：　　　　　　　　　　　　　　　　　親：

Q 生年月日、曜日、時間、場所、天気

A 　　　年　　　月　　　日　　曜日　／　　　時　　　分
生まれた場所：　　　　　　　　　　　　天気：　☀　☁　☂　☃

Q 生まれた時の思い出は？

A

Q 学歴職歴

A

Q 趣味特技

A

Q お孫さんはどんなお子さんですか？

A

Q お孫さんについて気付いたことをお書きください

A

Q お孫さんにはどんなことを期待していますか？

A

自分の基本データ

あなたの記録帳のページ

あなたの備忘録のページ

記録を書き込む時に役立つ　資料編

75

⓭ お孫さんについて

Q お名前と名前の由来

A お名前：　　　　　　　　　　　　　　　性別： 男 ／ 女
由来：　　　　　　　　　　　　　　　　親：

Q 生年月日、曜日、時間、場所、天気

A 　　　年　　　月　　　日　　曜日 ／　　　時　　　分
生まれた場所：　　　　　　　　　　　　天気： ☀ ☁ ☂ ⛄

Q 生まれた時の思い出は？

A

Q 学歴職歴

A

Q 趣味特技

A

Q お孫さんはどんなお子さんですか？

A

Q お孫さんについて気付いたことをお書きください

A

Q お孫さんにはどんなことを期待していますか？

A

Q	お名前と名前の由来

A　お名前：　　　　　　　　　　　　　　性別：　男　／　女
　　由来：　　　　　　　　　　　　　　　親：

Q	生年月日、曜日、時間、場所、天気

A　　　　年　　月　　日　　曜日　／　　時　　分
　　生まれた場所：　　　　　　　　　　　天気：　☀　☁　☂　⛄

Q	生まれた時の思い出は？

A

Q	学歴職歴	Q	趣味特技

A　　　　　　　　　　　　　A

Q	お孫さんはどんなお子さんですか？

A

Q	お孫さんについて気付いたことをお書きください

A

Q	お孫さんにはどんなことを期待していますか？

A

自分の基本データ

あなたの記録帳のページ

あなたの備忘録のページ

記録を書き込む時に役立つ 資料編

77

MEMO

MEMO

⓮ 戦 争 ＜戦争体験者の方＞
その1

Q 太平洋開戦時（1941年12月8日）のころのあなたは何歳で、どんな状況でしたか？

A 　　　歳　　　当時居た地域：

Q 終戦時（1945年8月15日）のころのあなたは何歳で、どんな状況でしたか？

A 　　　歳　　　当時居た地域：

Q 戦争での恐ろしい体験談はありますか？

A

MEMO

⓮ 戦 争 ＜戦争体験者の方＞
その２

Q 学徒動員などでの戦地体験はありましたか。それはどのようなものでしたか？

A

Q 戦争で家や家族など被害を受けましたか？

A

Q 戦後の混乱期の様子を覚えていますか？

A

MEMO

❶ 現在のご自身について
その１

Q 趣味や特技はありますか？

A 学生時代や若いころ夢中になったもの、社会人になってから始めたもの、現在続けているものなど：

Q 好きなテレビ、ラジオ、映画、音楽は？

A テレビ：

ラジオ：

映画：

音楽：

MEMO

⓯ 現在のご自身について
その2

Q どのような本を読みますか？

A

Q ご自身の性格は。若いころと今とで変わりましたか？

A

Q 好きな食べ物は何ですか？

A

MEMO

⓰ 旅の思い出

日時： 　　年　　月　　日 ～ 　　年　　月　　日 ☀ ☁ ☂ ⛄

場所： 　　　　　　　　　　　　どなたと行きましたか：

旅先での思い出、感動した景色、おいしかった食べ物、失敗談など。写真を張ってもOKです

日時： 　　年　　月　　日 ～ 　　年　　月　　日 ☀ ☁ ☂ ⛄

場所： 　　　　　　　　　　　　どなたと行きましたか：

日時：　　　　年　　月　　日～　　　　年　　月　　日　☀　☁　☂　☃

場所：　　　　　　　　　　　どなたと行きましたか：

旅先での思い出、感動した景色、おいしかった食べ物、失敗談など。写真を張ってもOKです

日時：　　　　年　　月　　日～　　　　年　　月　　日　☀　☁　☂　☃

場所：　　　　　　　　　　　どなたと行きましたか：

日時：　　　　年　　月　　日　〜　　　　年　　月　　日　☀　☁　☂　⛄
場所：　　　　　　　　　　　　　　どなたと行きましたか：

旅先での思い出、感動した景色、おいしかった食べ物、失敗談など。写真を張ってもOKです

日時：　　　　年　　月　　日　〜　　　　年　　月　　日　☀　☁　☂　⛄
場所：　　　　　　　　　　　　　　どなたと行きましたか：

日時：　　　　年　　月　　日～　　　年　　月　　日　☀　☁　☂　⛄
場所：　　　　　　　　　　どなたと行きましたか：

> 旅先での思い出、感動した景色、おいしかった食べ物、失敗談など。写真を張ってもOKです

日時：　　　　年　　月　　日～　　　年　　月　　日　☀　☁　☂　⛄
場所：　　　　　　　　　　どなたと行きましたか：

⓱ マイ年表

誕生から現在まで、主なトピック・出来事を整理して書き込みましょう

例	
1945年	10/1　宇都宮市に生まれる
1952年	4/1　○×小学校入学

年　代	出　来　事

年　代	出　来　事

年　代	出　来　事	年　代	出　来　事

⓲ その他

大切な人へのメッセージをお書きください（例えば「○○さんへ」と入れて）

あなたの備忘録のページ

① 家系図ひな形 …………………… 96
② 連絡先 …………………………… 98
③ 預貯金 …………………………… 100
④ 保険 ……………………………… 102
⑤ 証券 ……………………………… 104
⑥ クレジットカード ……………… 106
⑦ 不動産 …………………………… 107
⑧ 口座引き落とし一覧 …………… 108
⑨ ローン・キャッシング一覧 …… 109
⑩ あなたが大切にしている物 …… 110
⑪ かかりつけの病院 ……………… 111
⑫ 服用している薬 ………………… 112

① 家系図ひな形

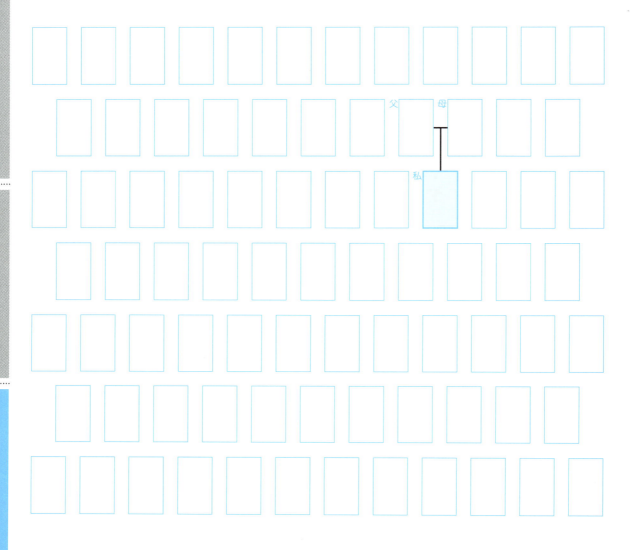

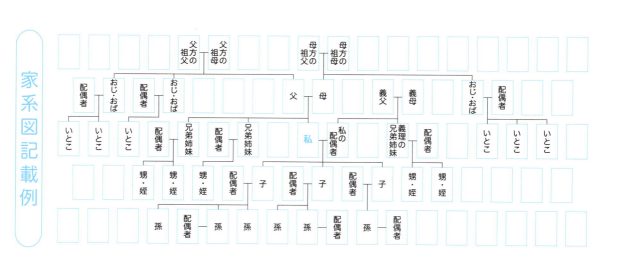

家系図記載例

お名前を書き込んでまとめてみましょう

備考

② 連 絡 先

お名前(ふりがな)	間柄 続柄	TEL / 住所	☑もしものとき…
		TEL	☐入院　☐危篤
		住所	☐通夜・葬儀　☐知らせない ☐その他（　　　　）
		TEL	☐入院　☐危篤
		住所	☐通夜・葬儀　☐知らせない ☐その他（　　　　）
		TEL	☐入院　☐危篤
		住所	☐通夜・葬儀　☐知らせない ☐その他（　　　　）
		TEL	☐入院　☐危篤
		住所	☐通夜・葬儀　☐知らせない ☐その他（　　　　）
		TEL	☐入院　☐危篤
		住所	☐通夜・葬儀　☐知らせない ☐その他（　　　　）
		TEL	☐入院　☐危篤
		住所	☐通夜・葬儀　☐知らせない ☐その他（　　　　）
		TEL	☐入院　☐危篤
		住所	☐通夜・葬儀　☐知らせない ☐その他（　　　　）
		TEL	☐入院　☐危篤
		住所	☐通夜・葬儀　☐知らせない ☐その他（　　　　）
		TEL	☐入院　☐危篤
		住所	☐通夜・葬儀　☐知らせない ☐その他（　　　　）
		TEL	☐入院　☐危篤
		住所	☐通夜・葬儀　☐知らせない ☐その他（　　　　）
		TEL	☐入院　☐危篤
		住所	☐通夜・葬儀　☐知らせない ☐その他（　　　　）
		TEL	☐入院　☐危篤
		住所	☐通夜・葬儀　☐知らせない ☐その他（　　　　）

お名前(ふりがな)	間柄 続柄	TEL 住所	☑もしものとき…
			☐入院　☐危篤 ☐通夜・葬儀　☐知らせない ☐その他（　　　　）
			☐入院　☐危篤 ☐通夜・葬儀　☐知らせない ☐その他（　　　　）
			☐入院　☐危篤 ☐通夜・葬儀　☐知らせない ☐その他（　　　　）
			☐入院　☐危篤 ☐通夜・葬儀　☐知らせない ☐その他（　　　　）
			☐入院　☐危篤 ☐通夜・葬儀　☐知らせない ☐その他（　　　　）
			☐入院　☐危篤 ☐通夜・葬儀　☐知らせない ☐その他（　　　　）
			☐入院　☐危篤 ☐通夜・葬儀　☐知らせない ☐その他（　　　　）
			☐入院　☐危篤 ☐通夜・葬儀　☐知らせない ☐その他（　　　　）
			☐入院　☐危篤 ☐通夜・葬儀　☐知らせない ☐その他（　　　　）
			☐入院　☐危篤 ☐通夜・葬儀　☐知らせない ☐その他（　　　　）
			☐入院　☐危篤 ☐通夜・葬儀　☐知らせない ☐その他（　　　　）
			☐入院　☐危篤 ☐通夜・葬儀　☐知らせない ☐その他（　　　　）
			☐入院　☐危篤 ☐通夜・葬儀　☐知らせない ☐その他（　　　　）
			☐入院　☐危篤 ☐通夜・葬儀　☐知らせない ☐その他（　　　　）

③ 預貯金

金融機関・支店名		口座番号	
		名義人	
		Web用ID	
預貯金の種類	普通 ／ 定期 ／ その他	備考	
金融機関・支店名		口座番号	
		名義人	
		Web用ID	
預貯金の種類	普通 ／ 定期 ／ その他	備考	
金融機関・支店名		口座番号	
		名義人	
		Web用ID	
預貯金の種類	普通 ／ 定期 ／ その他	備考	
金融機関・支店名		口座番号	
		名義人	
		Web用ID	
預貯金の種類	普通 ／ 定期 ／ その他	備考	
金融機関・支店名		口座番号	
		名義人	
		Web用ID	
預貯金の種類	普通 ／ 定期 ／ その他	備考	
金融機関・支店名		口座番号	
		名義人	
		Web用ID	
預貯金の種類	普通 ／ 定期 ／ その他	備考	
金融機関・支店名		口座番号	
		名義人	
		Web用ID	
預貯金の種類	普通 ／ 定期 ／ その他	備考	

金融機関・支店名	口座番号
	名義人
	Web用ID
預貯金の種類　普通　／　定期　／　その他	備考
金融機関・支店名	口座番号
	名義人
	Web用ID
預貯金の種類　普通　／　定期　／　その他	備考
金融機関・支店名	口座番号
	名義人
	Web用ID
預貯金の種類　普通　／　定期　／　その他	備考
金融機関・支店名	口座番号
	名義人
	Web用ID
預貯金の種類　普通　／　定期　／　その他	備考
金融機関・支店名	口座番号
	名義人
	Web用ID
預貯金の種類　普通　／　定期　／　その他	備考

MEMO

④ 保 険

保険会社名		契約者	
		保険金受取人	
保険の種類・商品名		証券番号	
		保険期間	
特約の内容		保険料：	円／月
		こんな時に請求できる	
連絡先		事故　／　入院　／　死亡　／　その他（　　　）	
担当者		備考	
保険会社名		契約者	
		保険金受取人	
保険の種類・商品名		証券番号	
		保険期間	
特約の内容		保険料：	円／月
		こんな時に請求できる	
連絡先		事故　／　入院　／　死亡　／　その他（　　　）	
担当者		備考	
保険会社名		契約者	
		保険金受取人	
保険の種類・商品名		証券番号	
		保険期間	
特約の内容		保険料：	円／月
		こんな時に請求できる	
連絡先		事故　／　入院　／　死亡　／　その他（　　　）	
担当者		備考	

MEMO

保険会社名	契約者	
	保険金受取人	
保険の種類・商品名	証券番号	
	保険期間	
特約の内容	保険料：	円／月
	こんな時に請求できる	
連絡先	事故　／　入院　／　死亡　／　その他（　　　）	
担当者	備考	
保険会社名	契約者	
	保険金受取人	
保険の種類・商品名	証券番号	
	保険期間	
特約の内容	保険料：	円／月
	こんな時に請求できる	
連絡先	事故　／　入院　／　死亡　／　その他（　　　）	
担当者	備考	
保険会社名	契約者	
	保険金受取人	
保険の種類・商品名	証券番号	
	保険期間	
特約の内容	保険料：	円／月
	こんな時に請求できる	
連絡先	事故　／　入院　／　死亡　／　その他（　　　）	
担当者	備考	

MEMO

⑤ 証　券

証券会社名		銘柄・内容			
取引店		配当金額	（	年	回）
連絡先		株主優待内容			
担当者		口座番号			
備考		名義人			
		Web 用 ID			
証券会社名		銘柄・内容			
取引店		配当金額	（	年	回）
連絡先		株主優待内容			
担当者		口座番号			
備考		名義人			
		Web 用 ID			
証券会社名		銘柄・内容			
取引店		配当金額	（	年	回）
連絡先		株主優待内容			
担当者		口座番号			
備考		名義人			
		Web 用 ID			
証券会社名		銘柄・内容			
取引店		配当金額	（	年	回）
連絡先		株主優待内容			
担当者		口座番号			
備考		名義人			
		Web 用 ID			

MEMO

証券会社名		銘柄・内容			
取引店		配当金額	（	年	回）
連絡先		株主優待内容			
担当者		口座番号			
備考		名義人			
		Web 用 ID			
証券会社名		銘柄・内容			
取引店		配当金額	（	年	回）
連絡先		株主優待内容			
担当者		口座番号			
備考		名義人			
		Web 用 ID			
証券会社名		銘柄・内容			
取引店		配当金額	（	年	回）
連絡先		株主優待内容			
担当者		口座番号			
備考		名義人			
		Web 用 ID			
証券会社名		銘柄・内容			
取引店		配当金額	（	年	回）
連絡先		株主優待内容			
担当者		口座番号			
備考		名義人			
		Web 用 ID			

MEMO

⑥ クレジットカード

カード名称		カード番号		
国際ブランド			-	-	-
備考		Web 用 ID		
カード名称		カード番号		
国際ブランド			-	-	-
備考		Web 用 ID		
カード名称		カード番号		
国際ブランド			-	-	-
備考		Web 用 ID		
カード名称		カード番号		
国際ブランド			-	-	-
備考		Web 用 ID		
カード名称		カード番号		
国際ブランド			-	-	-
備考		Web 用 ID		
カード名称		カード番号		
国際ブランド			-	-	-
備考		Web 用 ID		
カード名称		カード番号		
国際ブランド			-	-	-
備考		Web 用 ID		
カード名称		カード番号		
国際ブランド			-	-	-
備考		Web 用 ID		

MEMO

⑦ 不動産

□土地　□建物　□マンション　□アパート　□農地　□その他（　　　　　　　　）
所在地	面積
名義人	抵当権の設定　あり　／　なし

所有目的　　自宅　／　貸家　／　別荘　／　相続した　／　資産運用のため　／　その他
備考

□土地　□建物　□マンション　□アパート　□農地　□その他（　　　　　　　　）
所在地	面積
名義人	抵当権の設定　あり　／　なし

所有目的　　自宅　／　貸家　／　別荘　／　相続した　／　資産運用のため　／　その他
備考

□土地　□建物　□マンション　□アパート　□農地　□その他（　　　　　　　　）
所在地	面積
名義人	抵当権の設定　あり　／　なし

所有目的　　自宅　／　貸家　／　別荘　／　相続した　／　資産運用のため　／　その他
備考

□土地　□建物　□マンション　□アパート　□農地　□その他（　　　　　　　　）
所在地	面積
名義人	抵当権の設定　あり　／　なし

所有目的　　自宅　／　貸家　／　別荘　／　相続した　／　資産運用のため　／　その他
備考

MEMO

⑧ 口座引き落とし一覧

項目	金融機関・支店名	口座番号	引き落とし日		備考
水道料金			毎月	日	
電気料金			毎月	日	
ガス料金			毎月	日	
電話料金			毎月	日	
携帯電話料金			毎月	日	
新聞購読料金			毎月	日	
			毎月	日	
			毎月	日	
			毎月	日	
			毎月	日	
			毎月	日	
			毎月	日	
			毎月	日	
			毎月	日	
			毎月	日	
			毎月	日	
			毎月	日	
			毎月	日	
			毎月	日	
			毎月	日	

MEMO

⑨ ローン・キャッシング一覧

ローン

ローンの種類	□住宅　□自動車　□教育　□カード　□その他（　　　　　　　）
借入先	電話番号
借入額	円（　　年　　月　　日現在）　返済方法
借入残高	円（　　年　　月　　日現在）　返済銀行口座
完済予定日	担保の有無　□あり　□なし　保証人の有無　□あり　□なし
備考	

ローンの種類	□住宅　□自動車　□教育　□カード　□その他（　　　　　　　）
借入先	電話番号
借入額	円（　　年　　月　　日現在）　返済方法
借入残高	円（　　年　　月　　日現在）　返済銀行口座
完済予定日	担保の有無　□あり　□なし　保証人の有無　□あり　□なし
備考	

ローンの種類	□住宅　□自動車　□教育　□カード　□その他（　　　　　　　）
借入先	電話番号
借入額	円（　　年　　月　　日現在）　返済方法
借入残高	円（　　年　　月　　日現在）　返済銀行口座
完済予定日	担保の有無　□あり　□なし　保証人の有無　□あり　□なし
備考	

カードローン・キャッシング

借入先	カード会社名	カード番号	電話番号	借入残高	備考
				円　年　月　日現在	
				円　年　月　日現在	

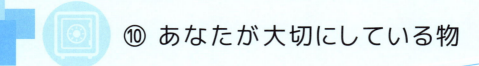
⑩ あなたが大切にしている物

美術品や貴金属、骨董品など

⑪ かかりつけの病院

病院名・診療科名	担当医	通院目的	電話番号

MEMO

⑫ 服用している薬

病名・症状	薬名	病院・診療名	薬の保管場所

MEMO

記録を書き込む時に役立つ
資料編

栃木県・国内外年表（昭和元年～平成30年）	114
西暦和暦干支早見表	144
栃木県内市町村合併史	145
栃木県内小学校 統廃合一覧	146
栃木県内中学校 統廃合一覧	148
栃木県内の高等学校	149
栃木県内の大学・短大・高専	152
歴代栃木県知事（昭和以降）	153
歴代栃木県議会議長（昭和以降）	153
栃木県 歴代国会議員（衆・参）	154
歴代総理大臣（昭和以降）	156
消費者物価指数＆主要耐久消費財の普及率	157
物価の推移	158

栃木県・国内外年表
1926(昭和元)年－2018(平成30)年
主な出来事（太字は栃木県関係）

1926（大正15／昭和元）年

- 1. **大谷石材労働組合が結成**
- 2.27 **大谷石材労組員400人が賃上げなどを要求して労働者大会を開く**
- 4. 9 治安維持法改正。ストライキの扇動禁止条項を削除
- 6.30 健康保険施行令公布。初の社会保険制度がスタート
- 7. 1 府県と町村の中間自治団体である郡役所および郡長がこの日をもって廃止
- 15 **那須に御用邸が完成**
- 7.23 **朴烈事件の金子文子が宇都宮刑務所栃木支所で獄中自殺（23歳）**
- 12.25 天皇崩御、大正天皇と追号。摂政裕仁親王が即位し「昭和」と改元
- 流行語 ▶ アカ、福本イズム、モダーン、円本
- 流行歌 ▶ 酋長の娘、この道、同志よ固く結べ
- 書物・著作物 ▶ 現代日本文学全集（最初の円本）、退屈読本、レーニン
- 映画・舞台 ▶ 日輪、足にさわった女、狂った一頁
- 遊び ▶ 十姉妹、セキセイインコの飼育
- 衣食住 ▶ 洋装の普及、アッパッパ、ハンドバッグ、文化住宅

1927（昭和2）年

- 3. 3 日米関係改善のための「青い目の人形」歓迎会を開催
- 15 片岡蔵相の発言がきっかけで、金融恐慌がはじまる（失言恐慌）
- 4.12 蒋介石が上海で反共クーデター。南京に国民政府を樹立
- 5. 8 人見絹枝が陸上200メートルで26秒1の世界新
- 8 **関東自動車が栃木町（現・栃木市）に創設、栃木―宇都宮間を走らせた**
- 21 米の飛行家リンドバーグが人類初の大西洋無着陸横断飛行に成功
- 6. 1 立憲民政党が結成大会。立憲政友会とともに2大政党時代へ
- 7.24 芥川龍之介が自殺（35歳）
- 9.23 **県会議員選挙で日本労農党の石山寅吉が当選（県内初の無産政党議員）**
- 12.30 東京・浅草と上野の間に日本初の地下鉄開業
- 流行語 ▶ モボ・モガ、大衆
- 流行歌 ▶ 昭和の子供、赤とんぼ、汽車ぽっぽ、どん底のうた、佐渡おけさ
- 書物 ▶ 書物世界文学全集（予約58万）、岩波文庫発刊、キンダーブック
- 映画・舞台 ▶ 角兵衛獅子（鞍馬天狗）、モン・パリ（宝塚少女歌劇団）
- モノ ▶ 「ノンキトウサン」首振り人形、映画俳優プロマイド
- 衣食住 ▶ 白ぐるみの赤ちゃん服、新宿中村屋にカレーライス登場

1928（昭和3）年

- 1.23 日ソ漁業条約調印。日本は北洋漁業権を保持
- 2. **下野中央銀行が佐久山銀行と野州大田原銀行を合併**
- 11 スイスで開かれたサンモリッツ冬季五輪に日本初参加
- 20 初の男子普通選挙による第16回総選挙。25歳以上の男子が投票
- 3.15 全国の共産党員とその同調者ら約1,600人を一斉に検挙・拘留。うち約500人を治安維持法違反で起訴（三・一五事件）
- 25 全日本無産者芸術連盟（ナップ）結成
- 4.14 **県商工奨励館と県公会堂が県庁前に開館**
- 5.21 野口英世が黄熱病で死去（51歳）
- 6. 4 関東軍が張作霖を奉天（現・瀋陽）近郊で爆殺。日本政府は秘匿するため、「満州某重大事件」と呼んでいた
- 9 蒋介石の中国国民解放軍（北伐軍）が北京に入城、中国を統一
- 29 死刑と無期を追加した治安維持法改正公布施行
- 8. 2 アムステルダム五輪・陸上三段跳び織田幹雄が優勝
- 8 アムステルダム五輪・水泳200メートル平泳ぎ鶴田義行が優勝
- 11. 1 東京でラジオ体操の放送開始
- 10 昭和天皇の即位大礼が京都御所で行われる
- 流行語 ▶ ラジオ体操開始、人民の名において、マネキンガール
- 流行歌 ▶ 出船、波浮の港、私の青空、君恋し
- 書物 ▶ 資本論入門（河上肇）、マルクス・エンゲルス全集、虚子句集
- 映画・舞台 ▶ 蒸気船ウィリー（ミッキーマウス登場）、東京松竹楽劇部発足
- スポーツ・遊び ▶ 大相撲の実況放送開始、チャンバラごっこ
- 衣食住 ▶ ラッパズボン、オカマ帽子流行

1929（昭和4）年

- 1.25 田中義一首相、「張作霖爆殺事件」について天皇にけん責され辞職
- 2.15 **宇都宮市の県公会堂で日本大衆党栃木県連合会結成大会が開かれる**
- 5.16 米国ハリウッドで第1回アカデミー賞授賞式
- 6. 3 日独伊、中国国民政府を正式に承認
- 8. **大衆党栃連が賃下げに対し大谷石材労働大会を開き、組合結成の自由などを決議**
- 19 独の飛行船「ツェッペリン伯号」が1万1,000キロを一気に飛んで霞ヶ浦に到着
- 9. **大谷石材労働組合が工場法・鉱山法の適用を内務省に陳情**
- 10. 1 **東武日光線下今市―東武日光間が開通して東武日光線が全線開通**
- 24 ニューヨーク株式市場大暴落（暗黒の木曜日）。世界恐慌はじまる
- 11. **栃木県農民組合が結成**
  住宅問題が深刻化し栃木県借地借家人同盟が結成
- 流行語 ▶ 緊縮、大学は出たけれど、カジノ、ラッキーガール
- 流行歌 ▶ 東京行進曲／紅屋の娘（佐藤千夜子）、君恋し
- 書物 ▶ 蟹工船、赤穂浪士、「夜明け前」連載
- 映画・舞台 ▶ 東京行進曲、大学は出たけれど、生ける人形、一殺多生剣
- モノ ▶ 初の国産ウィスキー・サントリー白ラベル発売4円50銭
- 初登場 ▶ エレベーターガール、とんかつ、立体駐車場

1930（昭和5）年

- 1.21 ロンドン海軍軍縮会議開会
- 4. 1 上野駅地下に東洋初の地下商店街が開店
- 7. **栃木県内各地で電灯争議が発生**
- 13 サッカーの第1回ワールドカップ開幕し13ヵ国が参加
- 9. **不況のため中学生（旧制）の授業料滞納、中退者が増加**

9.	宇都宮市で水道料金3割値下げ、水道料計量料器撤廃を求めて市民運動
	宇都宮市で電灯料金値下期成同盟の発会式を皮切りに各地で演説会。値下げ運動が農村地帯にも広まる
20	益子町の陶器工従業員250人が窯元と仲買人に対し争議
11.	下都賀郡南犬飼村(現・壬生町)で電灯料金値下げを求め、不払い運動
14	浜口雄幸首相が東京駅で右翼に狙撃され重傷
20	下野中央銀行が休業
20	初のハンセン病療養所長島愛生園が瀬戸内海の小島・長島に設立
流行語	男子の本懐、銀ブラ、ルンペン、エログロナンセンス
流行歌	祇園小唄、ザッツ・オーケー、すみれの花咲く頃、女給の唄
書物	日本資本主義発達史、日本上代史研究、浅草紅団、放浪記
映画・舞台	何が彼女をそうさせたか、西部戦線異状なし(米)、東京松竹楽劇部に水の江滝子(ターキー)が日本初の男装の麗人として登場
初登場	国産電機冷蔵庫、百円札、上野駅地下商店街

1931(昭和6)年

3.4	インドのガンジーが不服従運動の停止を約束するデリー協定調印
12	宇都宮石材軌道会社(鶴田―立岩間)と東武鉄道の合併を承認
15	黒磯町(現・那須塩原市)で大火
5.	県下女学校連合が関西修学旅行を実施(全国初の試み)
7.	失業救済のため、鹿沼―宇都宮間の道路工事を起工
8.11	東武宇都宮線、新栃木―東武宇都宮間が開通
9.18	関東軍が奉天郊外の柳条湖で満鉄線路を爆破(満州事変のはじまり)
11.	栃木県連合婦人会発会式
27	中国共産党が中華ソビエト共和国臨時政府を樹立。毛沢東が首席就任
12.13	犬養毅内閣成立し蔵相に高橋是清、新内閣が金本位制度離脱を決定
流行語	生命線、電光石火、いやじゃありませんか、テクシー
流行歌	侍ニッポン、巴里の屋根の下、酒は涙か溜息か、丘を越えて
書物	機械、一本刀土俵入、江戸川乱歩全集、大百科事典
漫画	「のらくろ二等兵」連載始まる
映画・舞台	マダムと女房(初の本格的トーキー)、新宿ムーラン=ルージュ
遊び	紙芝居「黄金バット」、戦争ごっこ用玩具

1932(昭和7)年

1.9	阿久津村小作争議(阿久津村事件)起こる
28	上海事変勃発。海軍陸戦隊が中国第19路軍と衝突
2.9	血盟団の小沼正が前蔵相・井上準之助を射殺(血盟団事件)
14	上海事変のために宇都宮市の第14師団に動員下令
28	第14師団が出征壮行のため宇都宮市内でちょうちん行列
29	国際連盟のリットン調査団来日。日本、中国、満州の現地調査開始
3.1	満州国の建国宣言を発表。元号は大同
5.14	チャールズ・チャップリン初来日
15	青年将校らが犬養首相を射殺(五・一五事件)
7.	農民らが飯米獲得に闘争を起こす。その後県内各地に広まり、県が政府米2万俵の払い下げを受け、県費を補助し町村に売却
7.24	全国労農大衆党と社会民衆党が合同して社会大衆党を結成
31	世界恐慌が深刻化する中、独総選挙でナチスが第1党に
8.	ロス五輪で三段跳びの南部忠平、水泳800メートルリレーで日本男子がそれぞれ世界新で優勝
28	日光登山鉄道(ケーブルカー)が開通(馬返―明智平駅間。現在は廃線)
9.1	下野農業銀行が廃業
15	日満議定書調印で日本が満州国を正式承認
10.	東京が世界第2位の人口(約500万人)。1位はロンドン
1	リットン調査団が満州国否認を日本政府に通達
流行語	話せばわかる・問答無用、挙国一致、欠食児童
流行歌	天国に結ぶ恋、満州行進曲、影を慕いて、銀座の柳、島の娘
書物	盲目物語、聖家族、上海、日本三文オペラ、夜明け前第一部
映画・舞台	肉弾三勇士、天国に結ぶ恋、三文オペラ
遊び	金属製の宙返り飛行機、ゴムナワ飛び
初登場	シャンプー、キオスク、内視鏡、タイムレコーダー

1933(昭和8)年

1.30	ヒトラーが独首相に就任。ナチス・保守党の連立政権が成立
2.20	小林多喜二が東京・築地署内で虐殺される(29歳)
3.3	宮城県金華山沖で地震。大津波襲来で死者・行方不明者3,064人
27	国際連盟常任理事国の日本が、満州国不承認問題で連盟脱退を通告
4.	宇都宮市で天然痘が大流行
6.	芳賀郡山前村(現・真岡市)、益子町で政府米払い下げを要求
8.15	県内各地で大雨、宇都宮市の釜川がはんらんし1,235戸が浸水
10.14	独のヒトラー、国際連盟と軍縮会議脱退を声明
11.8	東京・府中市に東京競馬場が開場。5万人収容で当時東洋一の規模
26	芳賀郡中村村(現・真岡市)出身のボクシングのピストン堀口が、世界バンタム級王者に挑戦して引き分ける。以後昭和12年まで40連勝を記録
12.23	皇太子・継宮明仁親王誕生
流行語	ナンセンス、転向、ゴーストップ、男装の麗人、ヅカガール
流行歌	サーカスの唄、十九の春、ミス・コロンビア、東京音頭
書物	春琴抄、女の一生、にんじん、新「小学国語読本」(サクラ読本)
映画	滝の白糸、夜毎の夢、丹下左膳、巴里祭(仏)、キングコング(米)
遊び	ヨーヨー大流行、ジグソーパズル
衣食住	ロングスカート(膝下15cm)、あんみつ、わかもと

1934(昭和9)年

1.26	独・ポーランドが不可侵条約調印
3.1	満州国で帝政実施。溥儀が皇帝に
5.3	満州から帰還した第14師団が宇都宮市に凱旋
7.	栃木県内の小学校教員給与未払い額が17万6,000円で全国最高
	栃木県内全域で長雨と低温。特に県北で大凶作の被害が広がる
1	英国人バーナード・リーチが益子町の浜田庄司宅で窯開き
3	斎藤実内閣が帝人事件の責任をとって総辞職

9.18	ソ連が国際連盟に加入
21	室戸台風で四国・関西中心に死亡・行方不明3,000人以上、4万戸が全壊・流出。栃木県内でも被害多数出る
11.	第14師団を中心に陸軍特別大演習が北関東3県内で実施（11〜14日）
12.4	日光国立公園指定
12.26	沢村栄治らが参加してプロ野球チーム「大日本東京野球倶楽部」創立
流行語	▶明鏡止水、司法ファッショ、昭和維新、非常時
流行歌	▶赤城の子守歌、国境の町、さくら音頭、並木の雨、別れの出船
映画	▶生きとし生けるもの、浮草物語、チャップリンの街の灯（米）
舞台	▶東京宝塚劇場開場、新橋演舞場で特選漫才大会
スポーツ	▶プロ野球チーム「大日本東京野球倶楽部」設立
モノ	▶忠犬ハチ公銅像、開襟シャツ、国防色（日本陸軍の軍服色）

1935（昭和10）年

1.7	粟野町（現・鹿沼市）で町民500人が町有林の貸し付けに反対し町に陳情書を提出
3.5	東京・渋谷駅の「忠犬ハチ公」が路上で死亡
23	衆議院が天皇機関説排撃の国体明徴決議案を可決
25	私立宇都宮盲唖学校と私立足利盲学校が県に移管され、県立校に
4.1	青年学校令が公布。各地で実業補習学校と青年訓練学校が統合
26	烏山銀行が足利銀行に合併される
5.25	栃木県教育会館が県庁前に完成
8.12	陸軍事務局長の永田鉄山が皇道派の相沢中佐に刺殺される（51歳）
9.15	独でユダヤ人の市民権はく奪とユダヤ人との結婚を禁止するニュルンベルク法が公布
18	美濃部達吉が貴族院議員を辞任（天皇機関説事件）。起訴猶予処分となるも学説不変と声明
12.10	大阪野球倶楽部（大阪タイガース）創設
12	県営五十里発電所が運転開始
流行語	▶天皇機関説、人民戦線、ハイキング、国体明徴、非国民
流行歌	▶野崎小唄、大江戸出世小唄、二人は若い、明治一代女
書物	▶第1回芥川賞（石川達三『蒼氓』）、直木賞（川口松太郎『鶴八鶴次郎』）、太閤記、人生劇場・青春篇
映画	▶忠次売出す、お琴と佐助、雪之丞七変化
モノ	▶街頭ラジオ、喫茶店ブーム、月賦販売流行、ロングスカート

1936（昭和11）年

1.15	日本がロンドン海軍軍縮会議脱退を通告
2.26	皇道派の青年将校らが約1,400人を率いて反乱。各所で高橋是清蔵相らを襲撃、殺傷（二・二六事件）。東京に厳戒令施行されるも、厳戒令本部が「兵に告ぐ」を放送、反乱軍のほとんどが原隊復帰
3.15	栃木県庁大火。別棟の県会議事堂などを残して本館の大部分を焼失
5.	ピストン堀口、日本人で初めて海外でタイトルを獲得
5.17	益子銀行が足利銀行と合併
5.18	阿部定が愛人を殺害し陰部を切断（阿部定事件）
5.31	栃木農商銀行が足利銀行と合併
7.5	二・二六事件判決。17人に死刑判決
18	スペインでフランコ将軍がクーデター宣言。スペインは内戦状態に
31	次期オリンピック開催地が東京に決定
8.1	第11回ベルリン五輪が開幕
8	足利銀行が久下田銀行を買収し、合併
11	ベルリン五輪で前畑秀子が水泳200メートル平泳ぎで優勝
11.25	日独防共協定調印
30	黒羽商業銀行が足利銀行と合併
12.12	蒋介石が張学良らに監禁される（西安事件）。国共合作を促す契機
流行語	▶今からでも遅くない、庶政一新、前畑ガンバレ、下腹部
流行歌	▶忘れちゃいやよ、東京ラプソディー、ああそれなのに
書物	▶宮本武蔵、故旧忘れ得べき、真実一路、怪人二十面相
映画・舞台	▶人生劇場、祇園の姉妹、日劇ダンシングチーム初公演
ラジオ	▶国民歌謡、初のオリンピック中継、「兵に告ぐ」（二・二六事件）
モノ	▶アルマイト弁当箱、キューピー人形全盛

1937（昭和12）年

2.8	政府が「祭政一致」の5大政綱を発表
4.15	失明・失聴の苦難を乗り越えたヘレン・ケラーが初来日
28	横山大観、幸田露伴らに初の文化勲章
30	総選挙で社会大衆党の石山寅吉が当選。県内初の無産政党代議士
7.7	北京郊外の盧溝橋で日本軍と中国軍が衝突（日中戦争）
8.	那須商業銀行と足利銀行が合併。県内資本の銀行が足銀1行となる
9.28	国民精神総動員栃木県実行委員会が設置される
10.	宇都宮、足利、栃木、矢板で国民精神総動員運動協議会が開催（8〜12日）
11.6	日独伊防共協定調印
9	閣議で国家総動員法制定を決定
12.13	日本軍が南京城を占領
15	無産党および労農派理論家の一斉逮捕（第一次人民戦線事件）が行われ、県内の逮捕者は16人、治安維持法違反で4人が起訴
流行語	▶馬鹿は死ななきゃなおらない、国民精神総動員、挙国一致
流行歌	▶人生の並木道、別れのブルース、青い背広で、裏町人生
書物	▶暗夜行路、綴方教室、若い人、雪国、墨東奇譚
映画・舞台	▶新しい土、真実一路、人情祇園船、浅草に国際劇場開場
スポーツ	▶双葉山横綱昇進、職業野球のリーグ戦始まる
モノ	▶千人針、慰問袋、サングラス、ホームドライヤー

1938（昭和13）年

1.	拓務省の計画で、県が満蒙開拓少年義勇軍を募集。昭和19年まで2,500人の青少年が義勇軍として渡満（渡満した人数は全国10位）
3	女優の岡田嘉子と演出家の杉本良吉が樺太で国境を突破しソ連へ亡命
11	厚生省を設置
2.4	国防婦人会栃木県支部が結成（会員数は約7万人）
11	栃木県が設定した国民精神総動員強調週間（17日まで）の間に市町村の大半に国民精神総動員実行委員会が設置される
4.1	国家総動員法と国民健康保険法を公布
6.9	文部省通達で学生・生徒の勤労動員開始
7.15	政府が昭和15年開催予定の東京五輪の返上と皇紀二千六百年記念万博中止を決定
9.	日中戦争の発生によるガソリン消費節約のため、関東自動車・東武自動車・日光自動車電車間で競合路線が統合、単一線に調整される

116

10. 3	焼失した栃木県庁の新庁舎落成式
11. 9	ドイツ全土でユダヤ人の組織的迫害起きる(水晶の夜)
流行語	…を対手(あいて)とせず、大陸の花嫁、買いだめ
流行歌	愛国行進曲、雨のブルース、麦と兵隊(軍国歌・ブルースが大流行)、旅の夜風、支那の夜
書物	在りし日の歌、麦と兵隊、風立ちぬ、岩波新書発刊
映画	路傍の石、綴方教室、愛染かつら、モダンタイムス
初登場	もんぺ、竹製スプーン、木製バケツなどの代用品、木炭自動車

1939(昭和14)年

4. 1	各地の警察に消防と防空を包括した警防団が設置され結団式を行う
5	映画法公布。脚本の事前検閲や洋画の制限など
12	米穀配給統制法公布
5.11	満蒙国境で日ソ国境紛争が起こる(ノモンハン事件)
7. 8	国民徴用令公布。「白紙の召集令状」で徴用
8.23	独ソ不可侵条約調印
9. 1	独がポーランド侵略を開始。第二次世界大戦が始まる
1	毎月1日を興亜奉公日と設定
流行語	複雑怪奇、ヤミ、禁制品、産めよ殖やせよ国のため
流行歌	上海ブルース、愛馬進軍歌、父よあなたは強かった
書物	石狩川、百万人の数学、学生に与ふる書、源氏物語26巻
映画	兄とその妹、上海陸戦隊、土と兵隊、土、ハリケーン、望郷
モノ	四つ珠のそろばん、慰問用人形づくり、ヤミ取引が横行

1940(昭和15)年

1.20	栃木県産業報国連合会が発会
2. 2	衆議院議員の斎藤隆夫の「反軍演説」。翌3月7日に衆議院を除名
3.	国防婦人会栃木支部による銃後援護活動の雑誌「下野国婦」が創刊
6.	翌年1月まで市町村ごとに米と麦の割当配給制が始まる。配給方法は通帳制と切符制の2通り。これ以後生活必需品は軒並み配給制に
7. 6	社会大衆党が解党
6	奢侈(しゃし)品等製造販売制限規則発布、翌7日施行(七・七禁令)
8.15	立憲民政党が解党。これで全既成政党が解党
9. 7	独空軍がロンドンを猛爆撃
27	日独伊三国同盟調印
10.12	大政翼賛会が発足
13	栃木県内各地で大政翼賛会の県・市町村民大会が開催される
11.	栃木県産業報国会が創立
10	「紀元二千六百年記念式典」開催
12. 1	県会議事堂で大政翼賛会栃木支部結成
流行語	大政翼賛会、八紘一宇、バスに乗り遅れるな、ぜいたくは敵だ
流行歌	紀元二千六百年、湖畔の宿、蘇州夜曲、月月火水木金金
書物	如何なる星の下に、夫婦善哉、鹿鳴集、オリンポスの果実
映画	支那の夜、小島の春、燃ゆる大空、民族の祭典(独)、駅馬車(米)
モノ	砂糖・マッチ・味噌・醤油・木炭など切符制実施、日の丸弁当、小西六が国産初カラーフィルム発売

1941(昭和16)年

2.27	社会奉仕活動などを通して国策へ協力するため県青少年団が結成
3. 4	県立栃木高等女学校で県下初の女子軍事訓練実施
4. 1	国民学校が発足
13	米国ハル国務長官と野村駐米大使との日米交渉開始
16	日ソ中立条約をモスクワで調印
5.	横川村(現・宇都宮市)に県立花嫁学校を設置
6.22	独ソ開戦(宣戦布告なし)
9. 1	ガソリン使用禁止で乗合馬車が登場
3	ナチス・ドイツがポーランドのアウシュビッツ収容所で毒ガス処刑開始
20	陸軍宇都宮飛行学校が開校
27	栃木県農業協会が結成
10.18	尾崎秀実とリヒャルト・ゾルゲをスパイ嫌疑で逮捕(ゾルゲ事件)
11.10	宇都宮市で全国初の銅鉄類特別回収を実施
27	ハル米国務長官、日本側の最終打開案(乙案)を拒否し「ハル・ノート」を示すも、大本営政府連絡会議はハル・ノートを最後通牒と判定、交渉打ち切りへ
12. 8	日本軍がハワイ真珠湾を空撃。英米が対日宣戦を布告(アジア・太平洋戦争はじまる)
12.12	閣議で対米英中戦を「大東亜戦争」と呼称
15	一県一紙の国策に従い、下野新聞が県の代表紙となる
流行語	ABCD対日包囲網、産業戦士
流行歌	戦陣訓の歌、さうだその意気、森の水車、のんき節
書物	次郎物語、人生論ノート、智恵子抄、路傍の石
映画・舞台	戸田家の兄妹、馬、江戸最後の日、次郎物語、勝利の歴史、スミス氏都へ行く、李香蘭日劇公演
モノ	プラスチック歯ブラシ、防空ずきん、もんぺ、ゲートル、配給

1942(昭和17)年

1. 8	毎月8日を大詔奉戴日と定める
2. 1	栃木県内でもみそ・しょうゆ・衣料の切符制開始
2	愛国・国防・連合婦人会を統合して大日本婦人会が発足
19	米国政府が太平洋岸居住日本人の強制退去を決定
4.18	米のB25が東京などを初空襲。そのうちの1機が宇都宮市東南方上空を仙台方面に向け通過、県下に最初の空襲警報が発令
5.	済生会宇都宮診療所(現・済生会宇都宮病院)が開所 日光精銅所が国家総動員法に基づき重要事業場の指定を受け、生産に関する一切の事項が厚生大臣の管理下に移される
6. 5	ミッドウェー海戦で日本大敗
7.21	昭和天皇が陸軍宇都宮陸軍飛行場で演習視察
8.13	米で原爆製造「マンハッタン計画」開始
22	独軍がソ連のスターリングラード猛攻撃を開始
10. 3	日本軍がガダルカナル島上陸開始
15	政府指定重要物資は強制買い上げと決定
12.24	食糧管理法に基づき栃木県食糧営団が設立
31	大本営がガダルカナル島から撤退を決定
流行語	欲しがりません勝つまでは、愛国百人一首
流行歌	空の神兵、明日はお立ちか、新雪、婦系図の歌、南の花嫁さん
書物	姿三四郎、無常といふ事、わが闘争
映画	父ありき、マレー戦記、ハワイ・マレー沖海戦、西遊記

1943（昭和18）年

1. **中島飛行機宇都宮製作所が横川村（現・宇都宮市）に開所（操業開始は翌年1月）**
2. **造船用として供木運動が進められ、日光杉並木も対象とされるが世論の後押しで老木2本だけですむ**
- 1　日本軍がガダルカナル島からの撤退開始
- 4.18　連合艦隊司令長官・山本五十六が戦死
- 5.29　アッツ島守備隊が玉砕
7. **大谷石材の95％が軍需用として供給することが求められる**
- 8.16　東京都が上野動物園に猛獣の処分を指令
- 10.20　学生・生徒の徴兵猶予特権が全面的に停止
- 11.22　米・英・中国首脳がカイロ会談、対日方策を検討
- 28　米・英・ソ連首脳がソ連対日参戦などを協議（テヘラン会談）
12. **戦時下の農業を統制・一元化するため県農会・県信用購買販売利用組合連合会に養蚕・畜産組合が吸収合併され栃木県農業会が発令**
- 24　徴兵令が19歳に引き下げられる

流行語▶撃ちて止まぬ、元帥の仇は増産で、英米語禁止
流行歌▶勘太郎月夜唄、印度の星、若鷲の歌
書物▶海軍、司馬遷
映画▶姿三四郎、花咲く港、無法松の一生
スポーツ▶野球用語の日本語化が決定（セーフ→よし、アウト→ひけ　など）
その他▶上野動物園で猛獣毒殺、節米パン

1944（昭和19）年

- 1.27　独が約900日間もわたるレニングラード包囲を撤退
3. **栃木県内の商業学校6校を工業学校に転換し学校工場化**
   大日本婦人会栃木県支部主催の「決戦貯蓄総決起運動」が開催（4～31日）
- 6　下毛貯蓄銀行が足利銀行に併合
- 8　ビルマの日本軍がインパール作戦開始
5. **栃木県内各地の中等学校・高等小学校に学校工場が設置され、生徒は飛行機の部品組み立て作業に取り組む**
6. **国民学校初等科児童の集団疎開を決定し、東京都から栃木県に1万5千人の学童が集団疎開**
- 19　マリアナ沖海戦で日本軍惨敗
- 23　北海道洞爺湖南岸で大噴火。壮瞥町の麦畑の中に昭和新山が誕生
7. **県下各中学校・女学校の通年動員開始**
- 9　サイパン島の日本軍守備隊が玉砕
- 8.　テニヤン守備隊（3日）、グアム守備隊が玉砕（11日）
- 22　沖縄の疎開船・対馬丸を米潜水艦が撃沈。児童ら1,350人死亡
- 10.21　アメリカ軍、レイテ島に上陸（レイテ島の戦いがはじまる）
- 21　神風特別攻撃隊が初出撃。25日には初成果を挙げる
- 11.20　人間魚雷・回天が米艦隊泊地へ初攻撃
- 24　B29が初めて東京を本格的に空襲
12. **宇都宮市内5ヵ所に国民酒場を開設**
- 7　東海地方を中心にM8.0の地震。998人が死亡（東南海地震）

流行語▶鬼畜米英、一億火の玉、一億国民武装、大和一致
流行歌▶少年兵を送る歌、勝利の日まで、同期の桜、ラバウル小唄
書物▶花ざかりの森、津軽、魯迅、汀女句集
映画・舞台▶あおの旗を撃て、加藤隼戦闘隊、日常の戦ひ、宝塚歌劇団最終公演
食べ物▶雑炊食堂開設

1945（昭和20）年

- 1. 9　アメリカ軍、ルソン島リンガエン湾上陸。日本軍の敗北が決定的に
    ソ連軍がナチス・ドイツのアウシュビッツ強制収容所を解放
- 27　**詩人野口雨情が疎開先の姿川村（現・宇都宮市）で死去（62歳）**
- 2.　米・英・ソ首脳が黒海沿岸のヤルタで会談（4～11日）
- 3.10　米軍のB29が東京を大空襲
- 17　硫黄島の守備隊が全滅
4. **栃木県内でも国民学校初等科を除いた学校の授業を中止し、児童・生徒を食糧増産・軍需生産に従事させる**
- 1　米軍が沖縄本島に上陸
- 30　独のヒトラーがベルリンの地下壕で自殺（56歳）
6.22 **国民学校高等科以上の生徒による学徒隊の結成式が行われる**
- 23　沖縄戦終結
7.12 **B29による宇都宮大空襲。宇都宮市・鹿沼町（現・鹿沼市）・真岡町（現・真岡市）で被害**
- 17　米・英・ソによるポツダム会談
- 26　日本に無条件降伏を迫るポツダム宣言を発表
- 8. 6　米は世界で初めて原子爆弾を広島に投下
- 8　日ソ中立条約を破ってソ連が参戦
- 9　米は長崎にも原子爆弾を投下
- 14　御前会議が開かれ、天皇は条件受諾の通知を連合国側にするよう述べ、ポツダム宣言の受諾を決定（聖断）。終戦の詔書発布
- 15　「終戦の詔書」を録音した玉音放送を正午にラジオで放送
- 30　連合国最高司令官マッカーサー元帥が厚木海軍飛行場に到着
- 9. 2　米艦隊ミズーリ号で日本の代表が降伏文書に署名
- 11　連合国最高司令官総司令部（GHQ）が東条英機らを第一次戦犯指名（A級戦犯）で逮捕指令
- 10. 2　ポツダム宣言執行のためGHQを東京に設置
- 7　**連合国占領軍約6,000人が進駐、足利・栃木・大田原にも分駐**
- 11　マッカーサー、憲法改正や婦人解放など5大改革を要求
- 24　国際連合が発足
- 11. 6　GHQが三井、三菱、住友、安田などの財閥解体を命令
- 16　**栃木県戦後処理対策委員会が食糧増産・戦災地復興などの戦後処理に踏み出す**
- 20　国際法で戦争犯罪を裁くニュルンベルク国際軍事裁判はじまる
- 12.16　近衛文麿、A級戦犯に指名され服毒自殺（54歳）
- 17　選挙法改正で20歳以上の男女に投票権が与えられる
- 18　B・C級戦犯の裁判が横浜地裁で開始
- 22　労働者の団結権や争議権を守る労働組合法が公布
- 29　農地調整法改正が公布（第一次農地改革）

流行語▶神州不滅、一億玉砕、ピカドン、進駐軍、バラック、ヤミ市、DDT
流行歌▶かくて神風は吹く、神風特攻隊の歌、リンゴの唄、みかんの花の咲く丘
映画・舞台▶勝利の日まで、必勝歌、続・姿三四郎、女の一生（杉村春子による初演）、ユーコンの叫び（戦後初の洋画）
モノ▶第1回宝くじ（1枚10円）

1946（昭和21）年

1. **旧中島飛行機宇都宮工場など県内16の軍需工場が賠償指定工場としてGHQに接収**

1. 1 昭和天皇の詔書が官報より元旦に発布（人間宣言）
　25 食糧危機突破を目指し「栃木県協同組合運動促進協議会」開催
2.15 米国で世界初のコンピューターENIAC完成
　19 昭和天皇が横浜・川崎を皮切りに全国巡幸をスタート
　28 戦争責任者に対する公職追放令交付
3. 3 新円切り替えにより旧円の流通禁止。月500円が標準生活費
4.10 戦後初の総選挙で栃木県選出の戸叶里子ら39人の女性代議士誕生
5. 1 11年ぶりにメーデー復活
　 3 極東国際軍事裁判（東京裁判）がはじまる
　22 第1次吉田茂内閣成立
7. 1 南太平洋のビキニ環礁で米が原爆の公開実験
8. 9 第1回国民体育大会開催
10. 1 ニュルンベルク国際軍事裁判で独のゲーリングら絞首刑判決
　21 第二次農地改革法公布。小作地の8割を解放
11.　 栃木県教育会図書館が県立に移管、栃木県立図書館となる
　 3 日本国憲法公布
12. 8 シベリアからの引き揚げ第一陣の船が舞鶴港へ入港
　19 仏がベトナムのハノイを攻撃、第一次インドシナ戦争はじまる
　20 国立栃木・宇都宮両病院が合併し、国立病院と改称

流行語 ▶あっそう、愛される共産党、カストリ、ニューフェイス
流行歌 ▶リンゴの唄、悲しき竹笛、東京の花売娘、かえり船
書物 ▶愛情はふる星の如く、完全なる結婚、サザエさん連載開始
映画 ▶わが青春に悔いなし、キュリー夫人、カサブランカ
スポーツ ▶第1回国民体育大会開催
ラジオ ▶のど自慢素人音楽会、英語会話、話の泉、街頭録音

1947（昭和22）年

1.14 栃木県連合青年団結成
　18 全官公庁共闘委が2月1日ゼネストを宣言。しかし31日にマッカーサーの命令で中止へ
3.12 トルーマン米大統領がソ連封じ込めと共産勢力拡大阻止の「トルーマン・ドクトリン」を発表
4. 1 新学制開始。小学校、中学校が発足、6・3制や男女共学が基本
　 5 新憲法下初の知事・市町村選挙。小平重吉が県内初の公選知事に
　 7 労働基準法公布（9月1日施行）
　30 枢密院と皇族会議を廃止
6. 1 初の社会党首班・片山哲内閣が成立
8. 6 広島市で初の平和式典を挙行
　31 国連原子力委員会が広島・長崎の放射能による遺伝子影響の長期調査を行うと発表
9. 4 天皇・皇后両陛下が栃木県庁など県内を巡幸（8日まで）
　14 カスリーン台風が関東・東北で猛威。県内死者361人、行方不明者76人、負傷者549人、家屋倒壊1,432戸、浸水44,610戸、橋流失215カ所
10.26 改正刑法公布。姦通罪と不敬罪を廃止
11. 7 第1回県芸術祭を宇都宮市で開催
12.17 警察法公布。国家地方警察と自治体警察の二本立てに
　22 改正民法公布。結婚の自由や男女平等を規定
　31 内務省を廃止

流行語 ▶アプレゲール、額縁ショー、集団見合い、不逞の輩
流行歌 ▶啼くな小鳩よ、夜のプラットホーム、夜霧のブルース

書物 ▶肉体の門、播州平野、堕落論、斜陽、青い山脈、新宝島
教育 ▶当用漢字・現代かなづかいの固定教科書、ローマ字教育
モノ ▶国鉄運賃・郵便・電気・新聞・酒・たばこなど値上げ

1948（昭和23）年

1.26 帝国銀行椎名町支店で12人毒殺され18万円が強奪（帝銀事件）。8月21日に容疑者として画家・平沢貞通を逮捕
　30 インド独立の父・ガンジーが、ヒンズー教徒に暗殺される
2.10 社会党首班の片山哲内閣が総辞職
3.　 栃木県市町村公安委員会設置。自治警察発足
　10 県選出の衆院議員・船田亨二氏が国務大臣に
4.14 昭和電工による融資をめぐる贈収賄が問題化（昭和電工事件）
5.14 イスラエルが独立を宣言。アラブ諸国が反攻（第一次中東戦争）
6.13 太宰治が玉川上水に投身自殺（38歳）
　28 福井でM7.1の大地震。3,769人が死亡
7.29 ロンドン五輪開幕。日独招待されず
10. 7 昭和電工事件で芦田均内閣が総辞職
11.12 極東国際軍事裁判（東京裁判）判決で、東條英機ら7人が絞首刑、終身禁固16人、有期刑2人、A級戦犯25人全員の有罪が確定
12. 7 警視庁が前首相・芦田均を昭和電工事件で逮捕
　10 国連総会で「すべての人間は生まれながら自由で尊厳と権利について平等である」とする世界人権宣言採択
　25 栃木県総合運動場（現・県総合運動公園）起工式が行われる

流行語 ▶鉄のカーテン、斜陽族、サマータイム、てんやわんや
流行歌 ▶東京ブギウギ、異国の丘、湯の町エレジー、憧れのハワイ航路
書物 ▶人間失格、ビルマの竪琴、アパッチ砦、旅路の果て
衣食住 ▶いかり肩のフレアコート、男性はアロハシャツとリーゼントスタイル、ホッピー爆発的ヒット

1949（昭和24）年

1.26 法隆寺金堂内陣が全焼、国宝壁画が焼失
3. 7 GHQ経済顧問のドッジ公使が「ドッジ・ライン」発表
4.　 半田良平の遺歌集『幸木』が日本芸術院賞受賞
　　 強権発動で供出未納農を一斉摘発（8日までに261人に）
　25 1ドル360円の単一為替レートを実施
5.31 宇都宮大学が宇都宮農林専門学校、栃木師範学校、栃木青年学校を包括して学芸学部・農学部の2学部で開学
7. 6 国鉄常磐線・綾瀬駅付近の線路で国鉄総裁・下山定則のれき死体を発見（下山事件）
　15 国鉄中央線・三鷹駅構内で無人電車が暴走し6人が死亡（三鷹事件）
8. 4 日光精銅所560人の大量解雇
　11 全逓に人員整理通告。県下で250人
　16 古橋広之進が全米水上選手権1,500メートル自由形で世界新記録。米国の新聞で「フジヤマのトビウオ」と呼ばれる
　17 東北本線の金谷川〜松川駅の間で列車が脱線転覆し乗務員3人が死亡（松川事件）
　31 9月1日にかけて本県全域をキティ台風が襲う
10. 1 中華人民共和国が成立。主席は毛沢東、首相は周恩来
11. 3 湯川秀樹にノーベル物理学賞授与
　 3 浜田庄司（陶芸）川上澄生（版画）らが第1回県文化功労者に選出

12.26	マグニチュード6.2と6.4の今市地震発生。死者10人、負傷者163人、建物の損壊1万1,831棟、60数カ所で山崩れ
流行語 ▶	駅弁大学、竹馬経済、ワンマン、アジャパー、自転車操業
流行歌 ▶	青い山脈、銀座カンカン娘、長崎の鐘、悲しき口笛
書物 ▶	仮面の告白、きけわだつみのこえ、菊と刀
映画 ▶	青い山脈、痴人の愛、晩春、哀愁、「ターザン」シリーズ
モノ ▶	ビヤホールやアドバルーン復活、お年玉付き年賀はがき
衣食住 ▶	洋裁学校ブーム、ロングスカート

1950（昭和25）年

2.9	米国のマッカーシー上院議員が国務省内に57人の共産党員がいると演説。「マッカーシー旋風（赤狩り）」始まる
10	GHQが沖縄に恒久的基地建設を発表
4.22	山本富士子が初めての「ミス日本」に選ばれる
6.25	朝鮮戦争勃発
7.2	京都・金閣寺が全焼
8.10	警察予備隊令公布。23日に第一次入隊
13	宇都宮競輪場で大穴が出て、その後のレース運営への不満から観衆が投石・放火。鎮圧に全国で初めて催涙ガス弾を使用
29	IOC実行委員会が日本とドイツのヘルシンキ五輪参加を承認
9.	五十里ダム着工
10.24	ボクシングのピストン堀口が神奈川県内で列車にはねられ死亡（36歳）
25	パインミシンで7人解雇。本県で民間初のレッドパージ
11.	公務員のレッドパージはじまる
	栃木県労政課の調べで鉄道、郵政、電通、専売など県内64人がレッドパージで労働組合から追放
12.13	地方公務員法公布。争議行為を禁止
流行語 ▶	オー・ミステイク、つまみ食い、とんでもハップン、金へん・糸へん、特需景気、レッドパージ、アルサロ、チラリズム
流行歌 ▶	夜来香、桑港のチャイナタウン、買物ブギ、東京キッド
書物 ▶	細雪、武蔵野夫人、チャタレイ夫人の恋人、文学入門
映画 ▶	また逢う日まで、羅生門、乙女の性典、白雪姫、自転車泥棒
その他 ▶	女性の平均寿命60歳を超える（女性61.4歳、男性58歳）

1951（昭和26）年

1.7	第29回全国高校サッカー選手権大会で宇都宮高が優勝
4.16	トルーマン大統領に解任されたマッカーサー元帥が帰国
6.7	文化財保護法施行、東照宮陽明門など8建造物が国宝に再指定
8.21	阿久津村（現・高根沢町）で県下初の住民投票が行われ、自治警察の阿久津村署の廃止決定
9.1	民放ラジオが放送を開始
8	サンフランシスコ対日講和条約調印。日米安全保障条約調印
10	黒澤明監督の映画「羅生門」がベネチア国際映画祭で日本映画初のグランプリを獲得
11.27	厚生省が平均寿命は男60歳、女64歳と発表
12.10	藤原町（現・日光市）の川治温泉で出火、繁華街26戸全焼
流行語 ▶	老兵は死なず、ノー・コメント、社用族、DK（ダイニングキッチン）
流行歌 ▶	高原の駅よさようなら、野球小僧、雪山讃歌、泉のほとり
書物 ▶	浮雲、山びこ学校、抵抗の文学、新・平家物語、三等重役、モノの見方について、ニッポン日記、風と共に去りぬ
映画・ラジオ ▶	カルメン故郷に帰る、愛妻物語、黄色いリボン、バンビ、レベッカ、NHKがラジオで第1回紅白歌合戦を放送
モノ ▶	日本初LPレコード、500円札登場、パチンコ大流行

1952（昭和27）年

2.6	英国王ジョージ6世死去。8日、第1皇女エリザベスが王位を継承
20	宇都宮大学の本部と学芸学部（現・教育学部）の一部が焼失
4.1	手塚治虫が漫画「鉄腕アトム」を「少年」誌で連載開始
9	日航機「もく星号」が伊豆大島・三原山の火口付近に墜落。37人全員が死亡
28	対日講和条約・日米安保条約発効。GHQ・対日理事会、極東委員会を廃止
5.1	中央メーデーで皇居前広場に入ったデモ隊が警官隊と衝突（血のメーデー事件）
19	ボクシング・フライ級の白井義男がダド・マリノを破り日本人初の世界チャンピオンに
26	英米仏3国と西独がドイツ占領終結協定に調印、西独が主権回復。31日、東独はベルリン境界線を封鎖
6.24	大阪・吹田市で労働者や学生が基地の粉砕などを叫び、電車占有。111人が騒乱罪で起訴された（吹田事件）
7.1	羽田空港が米軍より返還され、東京国際空港として業務開始
16	パインミシンで316人の人員整理、労働組合はストへ。会社側の希望退職者募集と個人通告により整理は強行
19	ヘルシンキ五輪開催。16年ぶりの日本、初のソ連など69カ国が参加
8.8	那須郡の金田村山林解放闘争に伴う暴力事件に対し、武装警察官400人が金田村（現・大田原市）を強制捜査。村会議員を含む共産党員ら36人を暴力行為・傷害容疑で摘発
10.15	警察予備隊が保安隊となり、再軍備が本格スタート
11.1	県内で市町村教育委員会が発足
12.2	県内の労働組合運用金と労働者の貯蓄金を合わせ、信用協同組合栃木県労働金庫が発足
流行語 ▶	エッチ、プータロー、恐妻家
流行歌 ▶	テネシー・ワルツ、リンゴ追分、お祭りマンボ、ゲイシャ・ワルツ
書物 ▶	人間の歴史、二十四の瞳、千羽鶴、鉄腕アトム
映画・ラジオ ▶	君の名は（ラジオドラマ）、風と共に去りぬ、誰が為に鐘は鳴る、生きる、ひめゆりの塔、第三の男
初登場 ▶	日産自動車「ダットサン・スポーツDC-3型」（戦後初のスポーツカー）

1953（昭和28）年

2.	県が9カ所の地方事務所を廃止し400人の人員を整理する新しい行政機構を発表
4	韓国が李承晩ライン付近で日本漁船第1大邦丸を拿捕（だほ）。後に機関長を射殺
3.14	衆院が内閣不信任案を可決。吉田茂首相が衆院を解散（バカヤロー解散）
17	市羽村（現・市貝町）で一家4人殺しが発生
4.5	宇都宮市の映画館「民映」で大火。劇場関係者ら6人が死亡、観客700人は無事
14	石橋町（現・下野市）の旅館から出火、繁華街43戸を焼く
20	小川町（現・那珂川町）吉田八幡宮古墳を発掘中、キ鳳鏡を発見。滋賀県以東で最初の発見

4.27	阿蘇山が突然大爆発。火口付近で死者5人、重軽傷者69人
5.12	外務省が1ドル＝360円の円平価決定
21	修学旅行に向かう葛生中学校の58人を乗せたバスが葛生町（現・佐野市）内の踏切で電車と衝突、死者1人、重軽傷30人、通行人2人も重傷
29	英のエドモンド・ヒラリーとテンジン・ノルゲイが世界最高峰のエベレスト（8,850メートル）に初登頂
6.19	世界平和擁護評議会が丸木位里と赤松俊子の「原爆の図」に国際平和文化金賞を授与
7.16	伊藤絹子、ミス・ユニバース世界大会で3位入賞。八頭身が大流行
27	板門店で朝鮮戦争休戦協定に調印。朝鮮戦争終結
8.12	ソ連が水爆実験に成功
13	NHKが全国高校野球をテレビで初めて実況中継
12.3	飲食税の国税移管に反対し、宇都宮市内600戸の飲食、旅館、割烹、芸妓業者ら1,300人が市内をデモ行進
25	米統治下に置かれていた奄美群島（鹿児島県）が本土に復帰
流行語	八頭身、街頭テレビ、さいざんす、クルクルパー、戦後強くなったのは女と靴下
流行歌	君の名は、街のサンドイッチマン、津軽のふるさと、雪の降るまちを
書物	昭和文学全集、現代世界文学全集、火の鳥、徳川家康
映画・テレビ	君の名は、東京物語、禁じられた遊び、シェーン、ライムライト、紅白歌合戦（NHKで放映開始）
その他	テレビ放送開始、真知子巻き

1954（昭和29）年

1.	「造船疑獄」で造船・海運8社幹部、国会議員や官僚らを逮捕
2.19	日本初のプロレス国際試合開催。力道山・木村組とシャープ兄弟がタッグマッチ
3.1	マーシャル諸島ビキニ水域で米が水爆実験。漁船「第5福竜丸」乗組員23人が被爆
4.29	ネルー・インド首相らが「平和五原則」を提唱
5.2	県の町村合併最終案決定（8市38町村）
24	女子テニスの加茂幸子が日本女子初のウインブルドン参加決定
7.1	警察法改正で公安委員会が発足。自治警察を県警察に合併
1	防衛庁および陸・海・空自衛隊が発足
8.11	厚生省が栃木・日光湯元、青森・酸ヶ湯、群馬・四万の3カ所を国民温泉に初めて指定
9.7	ベネチア国際映画祭で黒澤明監督「7人の侍」と溝口健二監督「山椒大夫」が銀獅子賞を獲得
23	被爆した第5福竜丸の久保山愛吉無線長が死去
26	台風15号の影響で青函連絡船・洞爺丸が転覆し1,155人が死亡
10.28	米の作家ヘミングウェイがノーベル文学賞受賞
11.3	ビキニ環礁での水爆実験に着想を得た、東宝の特撮映画「ゴジラ」が公開
7	日光いろは坂（現・下り専用第一いろは坂）有料道路が完成
15	全国農業共同組合中央会が設立
流行語	死の灰、空手チョップ、パートタイム、むちゃくちゃでございますがな
流行歌	真室川ブギ、高原列車は行く、お富さん、岸壁の母
書物	女性に関する十二章、現代文学全集、潮騒
映画・テレビ	ゴジラ、七人の侍、ローマの休日、波止場、力道山とプロレスブーム
ファッション	ヘプバーンスタイル（髪型、サブリナパンツ）

1955（昭和30）年

2.5	県知事選で小川喜一（革新系無所属）が当選
15	県内のカモシカが国特別天然記念物指定
15	浜田庄司が国重要無形文化財（人間国宝）に指定される
3.1	益子公園が県内で初めて県立公園に
3.11	沖縄の宜野湾村などで武装兵士が土地収用を強行
18	烏山町（現・那須烏山市）下境で大火、71棟を全焼
18	国鉄（現・JR）東北本線・日光線に2往復ずつ、快速のディーゼルカーが登場
4.18	第1回アジア・アフリカ会議開催
5.8	那須野ヶ原開拓事業完工式挙行。総工費1億8千万円
8	米軍立川基地拡張反対集会を開く。砂川闘争が始まる
11	宇高船「紫雲丸」が高松沖で沈没。修学旅行生ら168人が死亡
12	一家4人殺しの菊地正死刑囚が東京拘置所の独房から脱走、21日に市貝村（現・市貝町）の実家で逮捕
14	ソ連と東欧7カ国が友好相互援助条約（ワルシャワ条約）に調印
29	日光の旭岳で福島県白河高校の山岳部員が遭難、6人死亡1人重体
6.4	作新学院高等部3年生が長髪許可を要求し、200人が授業放棄の騒ぎ
8.24	森永ヒ素ミルク事件で厚生省が森永乳業徳島工場製造の粉ミルクの使用禁止を通知
9.3	沖縄で米兵が6歳の幼女を暴行・殺害（由美子ちゃん事件）。12月に米兵に死刑宣告
26	県出身学生育成のため県育英会が発足
30	米映画スターのジェームス・ディーンが交通事故死（24歳）
10.	国立栃木病院に血液銀行開設
13	左右社会党が統一
26	ベトナム共和国（南ベトナム）が成立
11.15	栃木会館・県立図書館落成式挙行
15	日本民主党と自由党が合同し、自由民主党を結党
22	船田中が第3次鳩山内閣の防衛庁長官に就任
12.17	社会党左右両派の統一で社会党県連発足
流行語	ノイローゼ、ロマンスグレー、事実は小説より奇なり
流行歌	田舎のバスで、別れの一本杉、月がとっても青いから
書物	はだか随筆、経済学教科書、慾望、広辞苑、大漢和辞典
映画	赤穂浪士、浮雲、夫婦善哉、エデンの東、暴力教室
その他	トランジスタラジオ発売（国産初、東京通信工業〈現ソニー〉）

1956（昭和31）年

1.1	新潟県の弥彦神社で初もうで客が将棋倒しになり124人圧死
21	県会保守派が一本化、自民党県支部結成大会
3.19	大阪・堺市に日本住宅公団（現・都市再生機構）第1号「金岡団地」の入居者公募を開始
26	自民党の初代総裁に鳩山一郎選出
4.11	日下田実（益子町出身）がネパールの巨峰、マナスル登頂に成功
17	石原慎太郎の芥川賞小説を映画化した「太陽の季節」封切り。後に婦人団体が上映反対へ
21	米国がビキニ環礁で初の水爆投下実験
7.3	鉱工業生産指数が過去最高を更新（神武景気）
10	防衛庁が国産ジェット機第1号として富士重工宇都宮作業所の「TIFI」を採用
11	力道山らがプロレス国際大試合に来県
26	エジプトのナセル大統領がスエズ運河の国有化を宣言

8.10	茨城県東海村の原子力研究所が起工式
29	五十里ダム完工式典式
9.21	宇都宮市出身のサッカー代表・岩淵功・小沢通宏のメルボルン五輪への出場が決定。矢板町(現矢板市)出身の三段跳び・柴田宏とともに戦後初めて
10.	日光杉並木街道を国特別天然記念物指定
19	日ソ共同宣言調印。11年ぶりに国交回復
29	イスラエル軍がエジプト領シナイ半島侵攻。スエズ戦争始まる
11. 4	熊本大研究班が、水俣病は「ある種の重金属」による中毒と発表
8	米軍ジェット機が間々田町(現・小山市)に墜落。農家など3棟全焼、3人重傷
12. 2	カストロらキューバ革命派がメキシコからキューバに上陸しゲリラ作戦開始
6	メルボルン五輪200メートル平泳ぎで古川勝、吉村昌弘が金と銀
18	国連総会が日本の国際連合加盟を可決
26	戦後ソ連に抑留されていた元兵士らを乗せた引き揚げ船「興安丸」が舞鶴に入港
28	日光湯元スキー場の第1、第2ゲレンデ間にリフト架設
流行語	もはや戦後ではない、太陽族、一億総白痴化、戦中派
流行歌	若いお巡りさん、ケ・セラ・セラ、東京の人よさようなら、ここに幸あり
書物	太陽の季節、帝王と墓と民衆、金閣寺、大菩薩峠
映画	任侠清水港、旗本退屈男、月形半平太、早春、ビルマの竪琴、太陽の季節、ジャイアンツ
その他	慎太郎刈り、週刊誌ブーム

1957（昭和32）年

1.	冷害にあえぐ北海道佐呂間町栃木地区の救済運動が始まる
13	歌手の美空ひばりがファンに塩酸をかけられ全治3週間のやけど
29	南極地域予備観測隊がオングル島に上陸し、観測基地を「昭和基地」と命名
3. 8	宇都宮市の星が丘中学校の日の丸教育が教育基本法および憲法に触れるかで議論
17	日光・神橋が新装、7年がかりで完全復元
27	下都賀郡野木村(現・野木町)の宇治文雅が一中節で無形文化財
4. 1	売春防止法の保護更生規定が発効
5. 8	コカ・コーラが日本での販売を開始
13	塩原温泉街で大火。61棟焼失
18	株価が暴落し「なべ底不況」となるも、1年余で終息
6. 1	県北で降ひょう、農作物の被害甚大。豪雨のため黒羽では浸水
22	宇都宮税務所で争議。県労・栃教組など200人が応援、警察隊90人出動（8月21日に税務所組合幹部12人を処分）
7. 3	那須高原開発5カ年計画策定し、宿泊施設・道路整備へ
5	宇都宮市の航空自衛隊操縦学校で初の入校式
15	プロ野球の金田正一が2,000奪三振の新記録を樹立
8.26	ソ連が大陸間弾道弾(ICBM)の実験に成功と発表。12月7日、米も成功
27	茨城県東海村の日本原子力研究所第1号、わが国初の「原子の火」が灯る
9. 9	アイゼンハワー米大統領が、1875年以来初めて黒人の選挙権を保障する公民権法案に署名
10.	流感が県内122校にまん延
10. 4	ソ連が世界初の人工衛星「スプートニク1号」の打ち上げに成功
11. 3	ソ連がライカ犬を乗せた人工衛星「スプートニク2号」の打ち上げに成功
12. 1	荻野昇医師が、イタイイタイ病は三井金属金岡鉱業所の排水が原因との鉱毒説を発表
16	東京・夢の島のごみ埋め立て開始
流行語	なんと申しましょうか、有楽町で逢いましょう、よろめき、デラックス、才女
流行歌	喜びも悲しみも幾年月、バナナ・ボート、東京だよおっ母さん、港町十三番地、俺は待ってるぜ
書物	挽歌、楢山節考、美徳のよろめき、死者の奢り
映画	明治天皇と日露大戦争、喜びも悲しみも幾歳月、嵐を呼ぶ男、戦場にかける橋

1958（昭和33）年

1. 1	日本が国連安全保障理事会の非常任理事国に
20	大日本製薬が妊婦のつわり防止薬「イソミン」を発表。後のサリドマイド薬害の原因となる
31	二宮町(現・真岡市)鹿の土地改良区にからむ汚職事件で県農務部長ら県職員と土地改良区理事長の被告全員に有罪判決
2. 3	新生活運動の一環でキッチンカーが県下を巡回
24	悪天候で「宗谷」が接岸できず南極観測隊の第2次越冬を断念
25	藤原町(現・日光市)の川治温泉ホテル全焼
3. 1	国鉄(現・JR東日本)宇都宮駅が民間出資で駅舎を建設する民衆駅として完成
8	勤務評定実施反対を訴えた教育危機突破栃木県大会開催、7,100人参加
9	関門国道トンネル開通式。全長3,461メートル、世界初の海底トンネル
31	正副議長改選問題で県会自民党議員会分裂
4. 5	長嶋茂雄が国鉄・金田正一投手に4連続三振を喫しプロ野球公式戦デビュー
5.27	県教委が勤務評定実施を満場一致で決定
6.28	栃教組が勤務評定阻止集会。8,500人が参加
8. 8	甲子園に沖縄代表・首里高校が初出場
9.30	小中校教員の勤務評定実施。10月15日に県教委に提出
10.22	警職法反対で宇都宮大学生が宇都宮市内をデモ行進、警察官と衝突
12. 1	聖徳太子の肖像が入った初の1万円札発行
23	東京タワー(333メートル)の完工式
流行語	三種の神器(テレビ、冷蔵庫、洗濯機)、ハイティーン・ローティーン、団地族、イカす、神様・仏様・稲尾様、ながら族、愚連隊
流行歌	嵐を呼ぶ男、だからいったじゃないの、監獄ロック、おーい中村君、無法松の一生
書物	人間の条件、氷壁、南国越冬記、樅の木は残った、点と線
映画・テレビ	忠臣蔵、陽のあたる坂道、隠し砦の三悪人、楢山節考、張り込み、十戒、月光仮面
スポーツ	大相撲が六場所制に
その他	ロカビリーブーム、みっちーブーム、チキンラーメン発売(日清食品、世界発のインスタントラーメン)

1959（昭和34）年

1.14	第3次南極観測隊が前年2月に南極昭和基地に置き去りにした樺太犬タローとジローの生存を確認
3.	日光東照宮で昭和の大改修で国宝本殿・拝殿などを修復

3. 1	富田村（現・足利市）で帰属決定の住民投票。足利市編入の住民案が佐野市編入の県案に勝ち、6年間の合併騒動に終止符（4月1日合併）
4.10	皇太子殿下と美智子さま結婚の儀
11	藤岡町（現・栃木市藤岡町）西赤麻で大火、23棟全半焼
17	フランスから返還された松方コレクションの絵画など368点を国立西洋美術館に搬入
23	藤岡町役場を全焼
5.	スーパーマーケット方式のセルフサービス店が宇都宮市に3店、足利市・足尾町（現・日光市）に各1店出現、人気を呼ぶ
6.25	プロ野球の長嶋茂雄が天覧試合でサヨナラ本塁打
30	沖縄県石川市（現・うるま市）で米軍機が宮森小学校に墜落。児童・住民の死亡27人、重軽傷121人
7.	『経済白書』で技術革新と消費革命による景気回復を指摘（岩戸景気の始まり）
5	男体山遺跡発掘調査団、太郎山神社境内より発掘開始。平安・室町期の青銅器・古銭など多数発掘
6	宇都宮市大谷石発掘現場で落盤事故、3人死亡、重軽傷9人
24	児島明子がミス・ユニバースに選ばれる
8.18	第41回全国高校野球選手権大会で宇工が準優勝
28	三井鉱山が希望退職を募集。三井争議が勃発
9. 1	間々田町（現・小山市）寒川地区で中学校分校廃止問題から、分校の全生徒147人が本校への入学を拒否、父母同伴で自主中学校の開校式に出席
12	小澤征爾がブザンソン国際指揮者コンクールで1位に
14	ソ連の宇宙ロケット「ルナ2号」が初の月面着陸に成功
26	台風15号（伊勢湾台風）が県内を襲う
10.27	野州粘土瓦協同組合で、本県初めての最低賃金制実施。日給280円
27	足尾銅山労組が退職金5割増闘争で無期限出荷ストに突入
11.27	安保条約反対の2万人のデモ隊が国会に突入
28	東武宇都宮駅と東武百貨店が落成、業務開始
12. 8	三池炭坑労組が指定解雇反対の3万人デモ
9	富士重工宇都宮製作所のテストパイロット吉沢鶴寿が軽飛行機（KM連絡機）による高度飛行世界新記録（9,922メートル）樹立
流行語 ▶	岩戸景気、カミナリ族、トランジスタ・グラマー、タフガイ
流行歌 ▶	夜霧に消えたチャコ、南国土佐を後にして、黒い花びら（第1回レコード大賞）、黄色いさくらんぼ、東京ナイトクラブ、僕は泣いちっち
書物 ▶	にあんちゃん、日本の歴史、波濤、催眠術入門、われらの時代
映画 ▶	任侠中仙道、日本誕生、人間の条件、十二人の怒れる男
その他 ▶	メートル法実施

1960（昭和35）年

1. 8	**社会党県連が分裂**
24	民主社会党結成、委員長は西尾末広
25	三池炭坑労組が無期限スト突入。280日間に及ぶ大争議の幕開け
2.23	浩宮徳仁親王誕生
3.24	**強風下県内各地で火災多発、芳賀で42棟全焼、鹿沼で11棟全半焼、今市で5棟全半焼**
5.17	**富士重工宇都宮製作所で国産最初のジェット機のテスト飛行に成功**
24	21日のチリ地震による津波で三陸などで死者・行方不明者139人
28	トキが国際保護鳥に指定される
6. 4	安保阻止の統一ストに560万人が参加。県内で3万5千人を動員
5	レスリングの木暮茂夫（足利高出身）がローマオリンピック代表選手に決定
15	安保反対で全学連主流派が国会突入を図り警官隊と衝突。東大生の樺美智子さんが死亡、負傷者1,000人以上
19	安保条約自然承認、33万人が国会を包囲
7.19	岸信介内閣総辞職
9. 7	ローマ五輪で日本の体操男子が団体優勝
10.12	浅沼稲次郎社会党委員長が右翼少年に刺殺される
11. 1	三池争議が解決
12.20	南ベトナム民族解放戦線結成
流行語 ▶	所得倍増、家つき・カーつき・ババ抜き、金の卵
流行歌 ▶	ズンドコ節、汽笛が俺を呼んでいる、誰よりも君を愛す、アカシアの雨が止む時
書物 ▶	性生活の知恵、頭のよくなる本、どくとるマンボウ航海記、敦煌
映画 ▶	天下を取る、青春残酷物語、太陽がいっぱい、サイコ、ベン・ハー、アパートの鍵貸します
スポーツ ▶	プロレスのジャイアント馬場、アントニオ猪木が同時デビュー
その他 ▶	だっこちゃんブーム

1961（昭和36）年

1. 3	米政府がキューバとの国交断絶を発表
20	ジョン・F・ケネディが史上最年少の43歳で米大統領に就任
2.14	俳優の赤木圭一郎が日活撮影所でゴーカートを運転中に鉄扉に激突、21日に死亡（21歳）
16	**宇都宮市のバンバ仲見世撤去**
19	日本医師会が診療費増額を求めて全国一斉休診
20	**塩原温泉「日本閣事件」の容疑者3人（物産店女主人と土木作業員2人）逮捕**
3.11	目黒製作所烏山工場で解雇39人の復職を求める労働争議。警察官が150人出動、第1・第2組合の乱闘などを経て12月7日会社が解雇を撤回
14	村田発條宇都宮工場の争議が3年ぶりに解決。組合員の首切り撤回要求を会社側が承認
15	鳴き竜で有名な日光の本地堂（薬師堂）全焼
4.12	ソ連が初の有人宇宙飛行に成功。ガガーリン少佐「地球は青かった」
5. 4	樺太犬タローが南極から4年半ぶりに帰国
5	米が有人宇宙ロケット飛行に成功
31	南アフリカ連邦が英連邦から離脱、アパルトヘイト強行。南アフリカ共和国に
6.13	**アメリカシロヒトリが宇都宮市内で猛威。桜通りの桜などに自衛隊がDDTを散布**
7.23	**栃木第三小学校が全焼**
8.13	東独が市民の亡命防止のため東西の境界に「ベルリンの壁」を構築
26	**宇都宮工業団地に三菱製鉄、松下電器産業など9社の誘致決定**
9. 1	**自治省（現・総務省）の結城市への越県合併案に反対し桑絹町（現・小山市）南部地区7自治会が小中学生240人の同盟休校を実施（11日後に登校）**
16	台風18号が四国と近畿を横断（第2室戸台風）。死者・行方不明者は202人
27	大相撲で大鵬と柏戸が同時に横綱昇進決定。柏鵬時代の幕開け
10.26	文部省が中学2・3年生全員を対象に全国一斉学力テスト実施

11.28	県内小中学生間にガン・ブーム、各地で爆発事故が続出
12.2	パリの第3回世界柔道選手権でオランダのヘーシンク優勝。日本人以外の優勝は初めて
流行語	巨人大鵬卵焼き、地球は青かった、不快指数、わかっちゃいるけどやめられない、交通戦争
流行歌	君恋し、東京ドドンパ娘、銀座の恋の物語、王将、上を向いて歩こう、スーダラ節
書物	英語に強くなる本、記憶術、砂の器、何んでも見てやろう
映画・テレビ	椿三十郎、用心棒、名もなく貧しく美しく、ウエスト・サイド物語、シャボン玉ホリデー、娘と私(NHK朝の連続テレビ小説第1作)

1962(昭和37)年

1.24	県が県職員の勤務評定実施に踏み切る。組合は撤回を求めるが拒否
2.1	東京都の人口推計が1,000万人を突破
3	古河電工(現・H.C.栃木日光アイスバックス)、全日本アイスホッケー選手権大会で優勝。NHK杯・国体と三冠王
23	全日本スピードスケート選手権大会で石幡忠雄(日光高出)、5,000メートル8分1秒3のシーズン世界最高で優勝
23	宇都宮市簗瀬小が放火のため全焼
3.15	日光市で「日光文化財観光施設税条例」成立(4月1日から徴収)
22	宇都宮市若草町の県引揚者住宅(梅寮)が全焼、62世帯被災
5.3	氏家町(現・さくら市)で大火。劇場など40棟全焼
3	国鉄(現・JR)常磐線三河島駅で列車事故。160人が死亡
5	桑絹町(現・小山市)羽川の国道4号に日本で初めての児童通学用跨(こ)道橋「愛の橋」が完成
6.10	国鉄(現・JR)北陸本線に日本最長の北陸トンネル開通
7.8	渡良瀬遊水地米軍演習地転用反対を訴え野木町、藤岡町(現・栃木市)のほか赤麻周辺の6市町村が反対期成同盟を結成
8.5	米女優マリリン・モンローがロス郊外の自宅で受話器を持ったまま死んでいるのを発見(36歳)
12	堀江謙一が小型ヨットで太平洋横断成功
14	県章・県民歌を制定
19	第40回全国高校野球選手権大会決勝で作新学院が久留米商(福岡県)に1対0で勝ち、史上初の甲子園春夏連覇
30	本地堂(薬師堂)復元問題で紛争中の輪王寺と東照宮は県を復元管理団体にすることで和解
10.22	ソ連がキューバにミサイル基地を建設中とケネディ米大統領が発表、キューバ海上封鎖を声明(キューバ危機)
11.18	赤麻・渡良瀬遊水地軍事基地化反対で全国統一行動関東地区赤麻大集会が開催。渡良瀬河畔に12,000人参加
12.19	国道4号宇都宮バイパス完成
20	沖縄嘉手納基地付近に米機が墜落、12人が死亡
流行語	あたり前田のクラッカー、無責任時代
流行歌	いつでも夢を、山男の歌、可愛いベビー、ハイそれまでヨ、遠くへ行きたい
書物	易入門、手相術、愛と死のかたみ、徳川家康
映画・テレビ	天国と地獄、キングコング対ゴジラ、ニッポン無責任時代、史上最大の作戦、てなもんや三度笠

1963(昭和38)年

1.11	金精有料道路の金精トンネルが貫通
16	国鉄(現・JR)東北本線野木駅完成(県下初めての橋上式駅)
28	昭和の巌窟王・吉田石松が名古屋高裁で無罪の判決。仮出所後は小山市で余生送る
3.29	烏山八雲神社の山あげ祭が国の重要民俗資料に指定
30	栃木会館新館落成
30	東海道新幹線試作車が時速256キロの世界最速達成(当時)
4.1	東京で4歳の男児誘拐(吉展ちゃん事件)。2年後犯人の自供から白骨死体を発見
1	ラジオ栃木(現・栃木放送)開局
5.4	狭山市で女子高生の遺体発見(狭山事件)
6.	坂本九の「SUKIYAKI」(邦題「上を向いて歩こう」)が米ヒットチャート1位に
11	南ベトナム・サイゴンで、ゴ・ジン・ジエム大統領の仏教弾圧に抗議した僧侶焼身自殺
8.5	米英ソが部分的核実験停止条約に調印
25	鬼怒川発電所工事現場で土砂崩れ。3人死亡、3人がけが
9.5	地下鉄京橋駅で時限爆弾が爆発(草加次郎事件)。乗客10数人が重軽傷
10.26	日本原研東海研究所で初の原子力発電に成功
11.22	ケネディ米大統領がダラスで暗殺される(46歳)
23	初の日米間テレビ宇宙中継実験が成功。予定されていたケネディ米大統領のメッセージの代わりに、大統領暗殺の悲報が流された
30	栃教組、脱退者相次ぎ分裂。脱退者は教職員協議会を結成。(県内の小中高教職員の70%が同協議会に加入)
12.7	船田中議員が衆院議長に就任
8	プロレスの力道山が暴力団に刺される。15日死亡(39歳)
流行語	三ちゃん農業、バカンス、ハッスル、ガチョーン、かわいこちゃん
流行歌	こんにちは赤ちゃん、見上げてごらん夜の星を、高校三年生
書物	徳川家康、危ない会社、流通革命、性生活の知恵
映画・テレビ	にっぽん昆虫記、アラビアのロレンス、クレオパトラ、007は殺しの番号(シリーズ第1作)、花の生涯(大河ドラマ第1作)
アニメ	鉄腕アトム(国産第1号)、鉄人28号、エイトマン

1964(昭和39)年

1.8	県獣にカモシカ、県鳥にオオルリを指定
3.4	大相撲でハワイ出身のジェシー(後の高見山)が新弟子検査合格。米国人初の力士誕生
27	東大病院で初の腎臓移植成功。患者は4月6日に死亡
4.5	小山駅前の繁華街で映画館など6棟全半焼。消防士2人殉職、重軽傷者10数名
23	宇都宮市のキャバレー「新世界」から出火、隣接の山崎百貨店ともに全焼
8.2	米国防総省は、米駆逐艦がトンキン湾で北ベトナム魚雷戦に駆逐されたと発表(トンキン湾事件)
7	太郎杉伐採問題で日光東照宮が建設省(現・国土交通省)と県知事を相手取り、行政訴訟
8.11	国鉄(現・JR)東北本線矢板―片岡間で通勤電車が停車中の貨物列車に追突、乗客ら27人が重軽傷
23	総同盟、全労などの労組が一体となり栃木地方同盟が発足

8.24	防衛庁(現・防衛省)が赤麻渡良瀬遊水地の米軍基地提供案を断念
9.25	国鉄(現・JR)東北本線上野─福島間が複線化開通。本県は全線複線化完成
30	オリンピック聖火が福島県から本県入り
10.1	東海道新幹線が東京─新大阪間の営業を開始
10	94カ国が参加し、第18回オリンピック東京大会が開催
16	中国が初の核実験に成功したと発表
20	五輪男子体操の団体と総合個人で日本が優勝
23	五輪女子バレーボールで日本が初優勝
11.7	県婦人会館が落成
12	米原潜「シードラゴン」が佐世保に入港
17	公明党が結成大会
12.10	京都市のサリドマイド児の両親が製薬会社と国に対して損害賠償請訴訟
流行語	おれについてこい、カギッ子、シェー、OL、ウルトラC
流行歌	明日があるさ、愛と死をみつめて、アンコ椿は恋の花、柔、お座敷小唄、東京五輪音頭
書物	愛と死をみつめて、おかあさん、おれについてこい、アンネの日記
映画	愛と死をみつめて、赤い殺意、若草物語、マイ・フェア・レディ
ファッション	みゆき族

1965(昭和40)年

2.1	原水協から社会党・総評系が分裂して原水爆禁止国民会議(原水禁)を結成
21	米国の黒人運動指導者、マルコムXが暗殺される
22	北炭夕張炭鉱で爆発。61人が死亡し、戦後最大の炭鉱事故に
3.10	富士山頂気象レーダーが完成。気象レーダーでは世界最大規模
14	作家・戸川幸夫が西表島で発見したヤマネコが新種と鑑定される(イリオモテヤマネコ)
4.12	大谷観音遺跡発掘調査が終了。発見の新型式土器を「大谷寺式」と命名
22	プロ野球で新人採用にドラフト制導入を決定
24	国立小山工業高等専門学校が開校
24	小田実らの「ベトナムに平和を!市民・文化団体連合(ベ平連)」が初の集会とデモを行う
28	東京オリンピック開催を記念した県体育館が落成
6.1	那須高原有料道路が開通
12	家永三郎(東京教育大学教授)が教科書検定は違憲と国を提訴
22	日韓基本条約調印。両国で反対デモ多発
7.22	塩原温泉バレーラインが開通
29	沖縄からの米軍機が北ベトナムの爆撃開始
8.11	米ロサンゼルスで黒人暴動発生(ワッツ暴動)
19	佐藤栄作首相が沖縄を訪問。戦後初の首相訪問
9.18	池谷薫と関勉が同時に20世紀最大といわれる新彗星を発見「イケヤ・セキ彗星」と命名
10.6	日光国立公園観光有料道路金精路および第二いろは坂が開通
21	川俣ダム完工式
21	朝永振一郎にノーベル物理学賞授与を発表
11.	県児童会館が開館。北関東初のプラネタリウム施設などを無料開放
3	栃木市出身の作家、山本有三氏が文化勲章受章
12.11	作新学院高等部女子部本館が全焼
26	競馬の有馬記念でシンザンが優勝し初の5冠馬に

流行語	しごき、光化学スモッグ、マイホーム、モーレツ社員
流行歌	君といつまでも、愛して愛して愛しちゃったのよ、涙くんさようなら、二人の世界
書物	人間革命、なせば成る、白い巨塔
映画・テレビ	赤ひげ、網走番外地、東京オリンピック、サウンド・オブ・ミュージック、ジャングル大帝
ファッション	パンティストッキング発売

1966(昭和41)年

この年、「黒い霧事件」と呼ばれる政界の不祥事相次ぐ

1.15	全国学生ラグビーで初優勝した早大が、社会人の八幡製鉄を破り日本一
15	小川町(現・那珂川町)が「平服成人式」に晴れ着の女性の入場を拒否。2月1日、宇都宮地方法務局が人権侵害の疑いで調査
2.4	全日空機、羽田空港沖に墜落し乗員乗客133人全員死亡。この年、飛行機事故相次ぐ
3.31	住民登録統計で日本の総人口が1億人突破
4.1	県内15の電報電話局で変則的ながら週5日制スタート
5.2	UPI通信のカメラマン沢田教一にベトナム戦争報道でピュリツァー賞
11	今市市(現・日光市)と福島県田島町(現・南会津町)を結ぶ国鉄野岩線(当時)の建設がスタート。70余年の悲願が達成
6.29	ザ・ビートルズ来日。30日には日本武道館で第1回公演を行い、約1万人のファン熱狂
7.11	広島市議会、原爆ドームの永久保存を決議
8.18	中国、天安門広場で文化大革命勝利祝賀、紅衛兵100万人集会
9.15	初の「敬老の日」。全国で100歳以上は252人
10.1	県公害防止条例施行
11.9	「栃木の塔」除幕式
12	小山市と前橋市を結ぶ国道50号線バイパス建設促進期成同盟会が結成
28	日米初のテレビ宇宙中継実験成功
12.5	日光本地堂(薬師堂)の「鳴き竜」が5年8カ月ぶりに復元

流行語	しあわせだなあ、びっくりしたなあもう、ゴマすり
流行歌	霧氷、星影のワルツ、バラが咲いた、悲しい酒、唐獅子牡丹
書物	人間への復帰、氷点、へんな本、山本五十六
映画・テレビ	網走番外地、若大将シリーズ、戦争と平和、ウルトラマン、ドクトル・ジバゴ、市民ケーン
その他	新・三種の神器(3C=カラーテレビ・クーラー・自動車)、GSブーム

1967(昭和42)年

1.26	第22回国体冬季スケート競技会が日光で開幕、皇太子ご夫妻をお迎えし、ホッケーなどの3競技に熱戦
2.7	足利銀行本店が宇都宮市桜4丁目に完成
11	初の建国記念の日。全国約600カ所で祝賀行事が行われたが、反対集会も多かった
4.10	特産の日光イチゴをコンテナに乗せた試運転列車が、国鉄(現・JR)宇都宮駅から北海道に向けて出発
16	東京都知事に美濃部亮吉当選。初の革新都政誕生
18	厚生省、新潟水俣病の原因は昭和電工鹿瀬工場の廃液と断定
28	モハメッド・アリが徴兵拒否を理由に、WBAからヘビー級チャンピオンのタイトルをはく奪
5.2	日本初の商業用、敦賀原発の起工式

7.1	欧州共同体(EC)結成
9.1	四日市ぜんそく患者9人が石油コンビナート6社に慰謝料を求め提訴。初の大気汚染公害訴訟
16	**本県を含む1道8県の県議会が中心となり「東北新幹線建設促進期成同盟会」を結成**
10.9	ボリビア陸軍、キューバ革命の指導者チェ・ゲバラをアンデス山中で射殺(39歳)
20	吉田茂元首相が死去(89歳)、日本武道館で戦後初の国葬
11.29	**日本道路公団が、東北縦貫自動車道の矢板以北の路線を発表。県内を通過する115キロの全路線が決定**
12.3	南アフリカ共和国で世界初の心臓移植手術。21日、死亡
21	**県が綱紀粛正の一環として、総務部長名で庁内に禁酒令。本庁は退庁後に守衛を巡回させ、酒瓶の有無の点検を始めた**
流行語	アングラ、核家族、ハプニング、核家族、ボイン
流行歌	ブルーシャトウ、夜霧よ今夜もありがとう、この広い野原いっぱい、帰ってきたヨッパライ
書物	頭の体操、華岡青洲の妻、英単語記憶術、姓名判断
映画	日本のいちばん長い日、座頭市、上意討ち
その他	ゴーゴー喫茶、リカちゃん人形(タカラ)発売、ミニスカートブーム(ツイッギー来日)

1968(昭和43)年

1.9	アラブ石油輸出国機構(OAPEC)を結成
11	**小山工業団地が日本酸素の誘致に成功、県内のトップを切って完売**
11	**県庁舎で県第2庁舎と議会棟の起工式**
19	米原子力空母「エンタープライズ」佐世保に入港
2.16	総理府、農業人口が2割を切ると発表
3.28	東大卒業式が安田講堂占拠で中止
4.	**県がカラー表紙の広報誌「広報とちぎ」を発刊**
4	米国の黒人運動指導者のキング牧師が白人に暗殺される(39歳)
15	国税調査で日大に20億円の使途不明金が判明、と新聞に(日大紛争の発端)
5.3	仏・パリ大学ナンテール分校がドゴール政権打倒の学生と警官の乱闘で閉鎖。学生デモ広がる(パリ5月革命)
16	関東大震災と同じM7.9の十勝沖地震で、北日本全域に被害
6.	**県山岳連盟と南米アンデス親善登山隊が、ボリビア・キムサクルス山群のサンフェリペ頂山など3つの未踏峰の初登頂に成功**
6.26	小笠原諸島が23年ぶりに日本に復帰
7.1	郵政省、郵便番号制度を実施
8.8	札幌医大教授が日本初の心臓移植手術を執刀(83日目に患者死亡)
20	ソ連など東欧5カ国によるワルシャワ条約機構軍、チェコスロバキアに侵攻。全土を制圧し、戒厳令下に
10.12	メキシコ五輪開幕
17	川端康成、日本人初のノーベル文学賞
12.10	東京都府中市で3億円強奪事件
24	米国「アポロ8号」、史上初めて月の有人周回飛行に成功、月面の様子がテレビで中継された
27	**宇都宮市馬場町の笹茂里食堂が3.3平方メートル当たり60万円と、北関東一の最高地価に**
流行語	五月病、昭和元禄、ズッこける、ハレンチ、とめてくれるなおっかさん
流行歌	天使の誘惑、三百六十五歩のマーチ、花の首飾り、伊勢佐木町ブルース、恋の季節、ブルー・ライト・ヨコハマ
書物	竜馬がゆく、民法入門、刑法入門、ゴルゴ13(連載開始)
映画	黒部の太陽、絞死刑、卒業、猿の惑星、2001年宇宙の旅
ファッション	サイケデリック・モード

1969(昭和44)年

1.18	東大紛争で安田講堂の強制排除へ。機動隊8,500人が講堂包囲。翌日陥落
25	ベトナム和平を目指す拡大パリ会談始まる
2.7	福島県郡山市の磐光ホテルで火災、30人焼死
3.13	**県教委が「生徒の政治活動の防止」を盛り込んだ内容を県立高校校長に通達**
4.1	栃木市が本県初の「児童手当」として、第4子からの児童に月額1人五百円の支給をスタート
6	**県酪農試験場が牛の多胎妊娠試験に乗り出す**
7	東京・名古屋などで4人を射殺した容疑者が都内で逮捕(永山則夫連続射殺事件)
5.21	**通産省がカドミウム汚染で足尾銅山下流の渡良瀬川26カ所を検査**
6.10	経企庁、日本のGNPは世界第2位と発表
12	日本初の原子力船「むつ」が進水
7.20	米国「アポロ11号」、人類史上初めて月面着陸に成功
8.23	**東北自動車県道管内の起工式が、鹿沼工業団地内の東北道試験盛り土現場で行われた**
10.6	千葉県松戸市役所に苦情処理を担当する「すぐやる課」発足
10	プロ野球の金田正一投手、プロ入り20年で400勝を達成
11.4	**宇都宮大で、本部閉鎖を続けている全共闘系学生と教職員が乱闘となり、22人がけが**
21	沖縄を「核抜き」で47年に返還すると日米共同声明発表
24	米ソ両国が核拡散防止条約を批准
流行語	あっと驚くタメゴロー、Oh!モーレツ、ニャロメ、クリープを入れないコーヒーなんて
流行歌	いいじゃないの幸せならば、夜明けのスキャット、長崎は今日も雨だった、黒ネコのタンゴ、どしゃぶりの雨の中で
書物	天と地と、「対話 人間の原点」、都市の論理、「苦海浄土 わが水俣病」
映画・テレビ	栄光への5000キロ、男はつらいよ(シリーズ第1作)、8時だョ!全員集合(放映開始)、サザエさん(放映開始)、水戸黄門(シリーズ放映開始)、巨泉・前武のゲバゲバ90分!!
その他	世界初の缶コーヒー発売(UCC上島珈琲)、フォークゲリラ、ヒッピー族

1970(昭和45)年

1.13	**県交響楽団が発足**
2.3	政府が核拡散防止条約調印を決定
11	初の国産人工衛星「おおすみ」打ち上げに成功
3.14	大阪でアジア初の万国博・日本万博が開幕。月の石が話題に
27	**高根沢町に宮内庁御料牧場が完成**
31	赤軍派グループが日航機「よど号」をハイジャック(グループは4月3日に人質解放後、平壌へ)
4.8	大阪の地下鉄工事現場でガス爆発。79人が死亡、420人が重軽傷
5.12	広島で日本犯罪史上初のシージャック。翌13日に犯人射殺
25	プロ野球八百長事件で西鉄の池永ら3投手が永久追放
6.23	日米安全保障条約が自動継続になり、全国で反安保集会

6.29	佐野市堀米町の両毛病院第2病棟から出火、木造モルタル1棟を全焼。患者17人焼死
7.14	政府、日本の呼称は「ニッポン」に統一と決定
17	家永教科書裁判で東京地裁が「検定不当」と文部省敗訴の判決
8.30	植村直己が北米最高峰マッキンリーの初の単独登頂に成功
9.6	パレスチナゲリラ、ヨーロッパで旅客機を連続ハイジャック
10	宇都宮市の福田屋デパート地下食料品売場から出火、地下2階、地上8階の約1万4000平方メートルを全焼する。被害総額は計18億5千万円
17	ソニー、日本企業で初めてニューヨーク証券取引所に株式上場
10.12	宇井純が「公害原論」の自主講座を東大で開講
11.25	三島由紀夫、東京・自衛隊市ヶ谷駐屯地で憲法改正のクーデターを訴え割腹自殺（45歳）
流行語	ウーマンリブ、ビューティフル、しらける、鼻血ブー、スポコン
流行歌	ドリフのズンドコ節、圭子の夢は夜ひらく、今日でお別れ、ヴィーナス、走れコウタロー
書物	日本万国博公式ガイドマップ、日本万国博公式ガイド、冠婚葬祭入門、誰のために愛するか、創価学会を斬る
映画	戦争と人間、激動の昭和史、家族、エロス＋虐殺、イージー・ライダー、パットン大戦車軍団、明日に向って撃て！

1971（昭和46）年

2.17	京浜安保共闘の大学生らが真岡市の鉄砲店に押し入り、銃11丁と実弾約2,000発を強奪
3.10	成田空港公団が第1次強制代執行に着手する。3月6日にとりでの排除終了（13日間の逮捕者461人、負傷者1,427人）
3.	全焼した宇都宮市の福田屋百貨店が地上8階、地下2階、売り場面積9,200平方メートルで新装開店
4.7	中国卓球代表団、米を正式招待。14日、米チームが周恩来首相と会見し、ピンポン外交始まる
24	米国ワシントンでベトナム反戦大集会が開かれ、全米各地から約20万人が集まった
5.10	宇都宮市塙田町に県立図書館が開館
14	横綱大鵬が引退。優勝回数32回、初の一代年寄になる
14	女性8人を誘拐、殺害した大久保清を群馬県警が誘拐容疑で逮捕。1976年に死刑執行
6.5	脱税容疑でネズミ講組織「第一相互経済研究所」を国税庁が強制調査
13	「ニューヨーク・タイムズ」が米国防総省のベトナム戦争秘密報告書を入手し連載スタート
17	宇都宮市に地上8階、地下1階の西武百貨店宇都宮店がオープン
17	日米が沖縄返還協定に同時調印。沖縄が26年ぶりに日本に復帰する
30	イタイイタイ病第1次訴訟で主因はカドミウムとして患者側が全面勝訴
7.1	環境庁が発足
30	岩手県雫石町で全日空機と訓練中の自衛隊機が空中衝突。全日空機の162人全員が死亡した
8.15	ニクソン米大統領、金とドルの一時交換停止など防衛策を発表
23	県下最長741.4メートルの柳田大橋が宇都宮市東部の鬼怒川に完成
28	ドルショックを受け、円の変動相場制がスタート
10.25	国連総会で、中国の国連加盟が正式決定。台湾は国連脱退を声明
12.	10カ国蔵相会議にスミソニアン合意で、固定相場制復活。1ドル＝308円に
流行語	脱サラ、ディスカバージャパン、アンノン族、ヘンシーン
流行歌	わたしの城下町、知床旅情、また逢う日まで、花嫁、よこはま・たそがれ、おふくろさん
書物	冠婚葬祭入門、日本人とユダヤ人、HOW TO SEX、二十歳の原点、戦争を知らない子供たち
映画・テレビ	日本万国博、ある愛の詩、仮面ライダー、ルパン三世
ファッション	ホットパンツ、パンタロン
その他	「マクドナルド」1号店開店（東京・銀座）

1972（昭和47）年

1.24	28年間ジャングルに潜んでいた元日本兵の横井庄一をグアム島で保護（2月2日に帰国）
2.3	第11回冬季オリンピック札幌大会が開幕。13日まで
19	連合赤軍、坂東国男ら5人が軽井沢の「あさま山荘」で管理人の妻を人質に籠城（28日に警官隊が突入し、5人を逮捕。警察官2人死亡）
27	ニクソン米大統領と周恩来中国首相、平和5原則の共同声明（上海コミュニケ）を発表。アメリカと中国が国交回復
3.7	陸上自衛隊航空部隊の宇都宮から立川基地への移駐を強行。8日に、東京都知事が中止要求
20	水俣病第一次訴訟で患者側が勝訴
21	奈良県明日香村の高松塚古墳で極彩色の壁画を発見
4.13	南河内町（現・下野市）薬師寺の自治医科大で開学式
16	ノーベル賞作家・川端康成が逗子のマンションで自殺（72歳）
5.15	沖縄返還協定が発効し、沖縄県が発足
30	日本赤軍、イスラエルのテルアビブ空港で自動小銃を乱射、死者26人。犯人奥平剛士と安田安之は現場で死亡、岡本公三は逮捕
6.17	米で元CIA職員ら5人が盗聴器を仕掛けようと民主党本部に侵入し逮捕される。ウォーターゲート事件の発端
9.5	ミュンヘンの五輪村にパレスチナ・ゲリラが侵入。銃撃戦でイスラエル選手ら11人を殺害
29	田中角栄首相と周恩来中国首相が共同声明に調印し、日中国交回復
30	塩原町（現・那須塩原市）と藤原町（現・日光市）を結ぶ28.1キロの日塩もみじラインが完成
11.2	県立美術館が開館
5	中国政府から贈られたカンカン、ランランのパンダ2頭が上野動物園で初公開
13	東北自動車道の岩槻―宇都宮間92.5キロが開通。翌年8月、宇都宮―矢板間が開通
12.28	厚生省が1972年の人口動態概況を発表。205万7,000人が出生し、第二次ベビーブーム始まる
流行語	恥ずかしながら帰ってまいりました、日の丸飛行隊、三角大福
流行歌	女のみち、瀬戸の花嫁、旅の宿、喝采、太陽がくれた季節
書物	恍惚の人、天の音楽、日本列島改造論、坂の上の雲、ベルサイユのばら
映画・テレビ	昭和残侠伝、忍ぶ川、ゴッドファーザー、フレンチ・コネクション、時計じかけのオレンジ、太陽にほえろ（シリーズ放映開始）

1973（昭和48）年

| 1.27 | 米と南北両ベトナムがパリで和平協定に調印 |
| 2.28 | 足尾銅山が正式に閉山となり、400余年の歴史に幕を閉じた |

3.27	第45回選抜高校野球が開幕。作新学院の江川卓が、4試合で60奪三振の大会新記録を達成
4.30	米ウォーターゲート事件で、ニクソン大統領が司法長官と大統領補佐官らを辞任させたと発表
5.6	公営競馬から移籍したハイセイコーがNHK杯に勝ち、10戦全勝
31	光化学スモッグが発生し、県南部の3小中学校で計776人が目やのどの痛みを訴えた
6.22	米ソ、核戦争防止協定に調印
7.11	日光の太郎杉問題は、国、県が「保存する」ことで決着
17	石原慎太郎、浜田幸一ら自民党若手タカ派31人が渡辺美智雄を代表に青嵐会を結成。全員が趣意書に血判を押す
8.8	韓国新民党の金大中氏、東京・飯田橋のホテルから拉致される(金大中事件)。6日目の13日、ソウル市内の自宅へ戻る
9.15	国鉄(現・JR)が中央線に老人・身体障害者優先席シルバーシートを設置
10.6	エジプトとシリアがイスラエルを奇襲攻撃。第4次中東戦争がはじまる
23	エクソン社、シャル社が原油価格30%引き下げ。第1次オイルショック
11.	大平町(現・栃木市)の連続放火事件で逮捕された元郵便局員が、工場4棟を含む計37件の放火を自供。県警史上最多の放火件数
12.10	半導体のトンネル効果発見などの江崎玲於奈がノーベル物理学賞を受賞
17	県が石油不足の緊急措置として、石油製品あっせん所を開設
流行語	せまい日本そんなに急いでどこへ行く、省エネ、石油ショック、ちょっとだけよ
流行歌	学生街の喫茶店、危険なふたり、神田川、草原の輝き
書物	日本沈没、華麗なる一族、怪物商法、ぐうたら人間学、国盗り物語、BLACKJACK
映画・テレビ	仁義なき戦い、燃えよドラゴン、ジャッカルの日、「8時だョ!全員集合」が視聴率50.5%
スポーツ	プロ野球・巨人軍がセリーグ9連覇

1974(昭和49)年

2.6	日本赤軍とパレスチナ解放人民戦線が、クウェート日本大使館を占拠
26	県内で6件発生した連続爆弾事件で、県警本部は殺人未遂などの容疑で真岡農業高3年生を全国指名手配。共犯の高校生3人を逮捕
3.12	フィリピン・ルバング島から28年ぶりに元陸軍少尉小野田寛郎が帰国
4.1	田沼西中統合問題で、反対派が新1年生47人を新学期から同盟休校とすることを決めた
8	米大リーグのハンク・アーロンがベーブ・ルースの記録を抜き、715本塁打
11	ゼネスト・県民に大打撃 交通網は全滅状態
11	粟野町(現・鹿沼市)出身のガッツ石松がボクシング世界ライト級チャンピオンに
20	上野の東京国立博物館で「モナ・リザ展」が開幕
5.4	堀江謙一が小型ヨットで単独無寄港世界一周に成功
7.3	県内で初めて酸性雨を観測。下校途中の中学生など計96人が眼の激痛を訴えた
8.8	ウォーターゲート事件で、ニクソン米大統領がテレビ演説で辞任を発表
15	韓国の朴正熙大統領がソウル市内で在日韓国人に狙撃され、夫人が死亡
9.1	初航海中の原子力船「むつ」が北太平洋上で放射線漏れ事故
9.13	日本赤軍がオランダ・ハーグの仏大使館を占拠。7日、人質を解放しシリアに脱出
10.14	長嶋茂雄がシリーズ最終戦後の引退試合で「巨人軍は永久に不滅です」
30	モハメド・アリが7年ぶりに世界ヘビー級チャンピオンに返り咲く
11.	宇都宮市消費者友の会が、「食用赤色104号」を使った食品の不買運動をスタート
26	立花隆「金脈レポート」を発端に、金脈追及で行き詰まった田中角栄首相が閣議で辞意表明
12.10	佐藤栄作前首相が日本人初のノーベル平和賞を受賞
13	経済企画庁が74年度のGNPは前年比1~2%減で、戦後初のマイナス成長と閣議に報告
19	日光東照宮境内にある7堂塔の所有権をめぐる民事訴訟で、東京高裁は「すべて東照宮が所有する」との控訴審判決
流行語	狂乱物価、超能力、オカルト、巨人軍は永久に不滅です、アチョー、ストリーキング
流行歌	なみだの操、襟裳岬、うそ、くちなしの花、恋のダイヤル6700
書物	かもめのジョナサン、ノストラダムスの大予言、食べながらやせる健康法、邪馬台国の秘密
映画	日本沈没、砂の器、エクソシスト、燃えよドラゴン、スティング、エマニエル夫人、ゴッドファーザーPart II
その他	セブンイレブンオープン(日本初のコンビニエンスストア、東京・江東区)、ユリ・ゲラー超能力ブーム

1975(昭和50)年

1.8	田沼西中の新含、飛駒両教室で同盟休校を続けていた1年生全員が181日ぶりに登校し、正規の授業を受けた
2.	不況の影響で、県内の高校卒業予定者のうち100人以上が採用の取り消しや自宅待機を命じられた
4.30	南ベトナム解放民族戦線軍と北ベトナム軍が首都サイゴンに無血入城。30年におよぶベトナム戦争が終結
5.16	日本女子登山隊の田部井淳子が、女性として初めてエベレスト登頂に成功
6.28	総事業費54億円をかけた宇都宮中央卸売市場が営業開始
7.5	全英テニスの女子ダブルスで、沢松和子と日系3世のアン清村が優勝、日本人女性初の快挙
17	皇太子夫妻が沖縄訪問。沖縄解放同盟のメンバーにひめゆりの塔で火炎瓶を投げられるが無事
20	沖縄国際海洋博覧会が開幕
21	栃木署は足利銀行栃木支店の女性行員を2億1千万円の横領容疑で逮捕。女性行員をそそのかし、金を受け取っていた東京都在住の男を全国に指名手配
8.4	日本赤軍がクアラルンプールの米、スウェーデン両大使館を占拠し、日本で拘置中の赤軍派7人の釈放要求。5日、政府は超法規的措置で5人を出国させた
23	宇都宮市の印刷会社社長が、ライオンズクラブ元会長の立場を利用し計2億円の詐欺、横領容疑で逮捕
9.30	天皇・皇后両陛下が、初のアメリカ訪問に出発(~10月14日)
10.15	広島東洋カープが、球団設立26年目にして悲願の初優勝
11.1	芳賀と黒磯・那須の2つの公設地方卸売市場がオープン
15	仏・ランブイエで第1回先進国首脳会談(サミット)が開催され、日本も参加
12	沖縄海洋博とフィリピンを訪れる本県初の「青年の船」が東京・晴海埠(ふ)頭を出発(~12月8日)
26	公労協がスト権の回復を目指して史上最大のストに突入。国鉄は192時間全面ストップ

12.25	国道50号足利・佐野バイパスが全面開通
流行語	チカレタビー、おじゃま虫、オヨヨ、100円ライター、おちこぼれ、あんたあの娘のなんなのさ
流行歌	昭和枯れすゝき、シクラメンのかほり、港のヨーコ・ヨコハマ・ヨコスカ、22才の別れ
書物	播磨灘物語、複合汚染、欽ドンいってみようやってみよう、目がどんどんよくなる
映画・テレビ	伊豆の踊子、潮騒、トラック野郎、青春の門、タワーリング・インフェルノ、ジョーズ、秘密戦隊ゴレンジャー（戦隊もの第1作）
スポーツ	赤ヘル旋風
その他	紅茶きのこブーム

1976（昭和51）年

1.	東北新幹線の用地買収費72億円をめぐり、宇都宮市内の銀行や農協で預金争奪戦
31	鹿児島市立病院で、排卵誘発剤の使用により5つ子（2男3女）誕生
2.16	衆院予算委がロッキード事件で国際興業社主小佐野賢治らを証人喚問。小佐野は「記憶にございません」で押し通した
4.2	県が「育児休業法」を条例化
5.8	植村直己が北極圏1万2,000キロの単独犬ぞり踏破に成功
6.25	自民党を脱党した河野洋平ら6人が、新自由クラブを結成
7.27	東京地検、ロッキード事件で田中角栄前首相を逮捕
8.12	日光市細尾町と足尾町地蔵滝間を結ぶ日足トンネルが工事開始から2年10カ月ぶりに開通
9.9	中国の毛沢東主席が死去。9月18日の追悼大会には、会場となった天安門広場に約100万人が集まった
11.13	角川映画の第1作「犬神家の一族」が公開
流行語	灰色高官、記憶にございません、宅急便、安楽死、コマネチ
流行歌	およげ！たいやきくん、ビューティフル・サンデー、北の宿から、木綿のハンカチーフ、ペッパー警部
書物	限りなく透明に近いブルー、不毛地帯、青春の門、こちら葛飾区亀有公園前派出所（連載開始）
映画	犬神家の一族、愛のコリーダ、不毛地帯、カッコーの巣の上で、タクシードライバー
その他	家庭用ビデオ発売（日本ビクター）

1977（昭和52）年

3.15	黒羽（現・大田原市）、馬頭（現・那珂川町）両町にまたがる山林火災が発生し、24時間後に鎮火。山林800ヘクタールと民家32棟を焼失
20	独協医科大病院で頭の一部が結合している双生児の分離手術に成功。わが国初、世界で3例目
4.19	140年の歴史を誇る藤岡町（現・栃木市）の「岩崎醤油」が臨時株主総会で、会社解散を決めた
5.20	パリとトルコのイスタンブールを結ぶ「オリエント急行」が赤字続きで廃止
7.	県警1977年春の新採用警察官のうち大卒者が43人、高卒者は25人と、初めて大卒者が高卒者を上回った
8.16	エルビス・プレスリーが米メンフィスで急死（42歳）
18	中国共産党が、文化大革命の終結を宣言
9.3	巨人軍の王貞治が「1本足打法」で756本塁打の世界新記録達成
5	王貞治が国民栄誉賞第1号を受賞
28	日本赤軍、日航機をハイジャックし、ダッカに強行着陸。10月1日、政府は超法規的処置で赤軍派9人釈放と600万ドルを支払った

10.27	宇都宮市中戸祭町に県武道館、県弓道場が完成
11.22	プロ野球ドラフト会議で、クラウンが作新学院高等部出身江川卓を指名。12月3日に、江川が拒否
流行語	円高、たたりじゃあ、普通の女の子に戻りたい、トンデレラ・シンデレラ
流行歌	渚のシンドバッド、青春時代、勝手にしやがれ、昔の名前で出ています、津軽海峡冬景色
書物	間違いだらけのクルマ選び、頭のいい銀行利用法、人間の証明
映画	八甲田山、人間の証明、八つ墓村、幸せの黄色いハンカチ、宇宙戦艦ヤマト、ロッキー、キングコング
その他	スーパーカーブーム、ルーツ探し

1978（昭和53）年

1.	全国の盛り場でカラオケ・ブーム
5	陶芸家で人間国宝の浜田庄司（本名・象二）が死去（83歳）
10	初の「婦人白書」で、女性の賃金が男性の55.8％だった
2.14	壬生町で町長を含む3つのリコール請求運動が起きている問題で、県知事が臨時町議会を開くよう要請
4.5	キャンディーズが後楽園で解散コンサート
14	月星化成（本社・福岡県）が経営悪化を理由に、6月1日で氏家工場を操業中止にすることを県に説明
21	ソ連が領空侵犯した大韓航空機を銃撃、日本人を含む21人死傷
5.20	新東京国際空港（成田空港）開港
29	独協医科大学病院に全国でも珍しい小児外科病棟がオープン
6.12	M7.5の宮城県沖地震が発生、仙台市を中心に死者28人
7.1	厚生省が、日本の平均寿命が男72.69歳、女が77.95歳で世界一の長寿国となったと発表
25	イギリス中西部で世界初の「試験管ベイビー」（体外受精児）が生まれた
8.31	県内農作物の干ばつ被害総額が戦後最大の約47億円に達した
9.1	「那須・甲子有料道路」が開通
11	宇都宮市の鬼怒川でカゲロウが大発生し、鬼怒大橋を通行中の車19台が玉突き衝突
10.10	NHK全国学校音楽コンクール中学校の部で、宇都宮市陽東中が本県で初めて最優秀校に選ばれた
11.21	作新学院出身の江川卓が「空白の1日」ののち、読売ジャイアンツと電撃的に契約
12.	栃の葉国体のメーン会場となる県営総合運動公園陸上競技場が完成
流行語	窓際族、サラ金、試験管ベイビー、あーうー、なーんちゃって、ダサい
流行歌	UFO、サウスポー、微笑み返し、君のひとみは10000ボルト、時間よ止まれ、青葉城恋歌、カナダからの手紙、ガンダーラ、与作、プレイバックpart2
書物	頭のいい税金の本、和宮様御留、五味手相教室、黄金の日日
映画	野生の証明、柳生一族の陰謀、キタキツネ物語、事件、鬼畜、スター・ウォーズ、未知との遭遇、サタデーナイトフィーバー

1979（昭和54）年

1.13	国公立の120大学で初めて共通一次試験が行われ、32万人が受験
17	イラン情勢を理由に第2次オイル・ショック始まる
26	大阪の三菱銀行北畠支店に猟銃を持った男が立てこもり4人を射殺。28日、犯人を射殺

2.2	南那須町(現・那須烏山市)大金で発見された1千万年前の古代クジラの骨が、県郷土資料館(現・栃木県立博物館)に収められた		11.20	川治温泉街の川治プリンスホテルが全焼し、宿泊客ら45人が死亡
4.19	小山市の茨城相互銀行(現・筑波銀行)で20歳の女性が強盗未遂事件を起こす。女性単独の銀行強盗は日本初		29	川崎市の浪人生が、就寝中の両親を金属バットで殺害
			12.8	元ビートルズのジョン・レノンがニューヨークの自宅マンション前で射殺される
5.4	英総選挙で保守党が圧勝、サッチャーがヨーロッパ初の女性首相		流行語	カラスの勝手でしょ、ナウい、それなりに、校内暴力、赤信号みんなで渡れば怖くない
6.	**インベーダーゲームの人気で、県内金融機関でも百円硬貨の需要が急増**		流行歌	ダンシング・オールナイト、異邦人、大都会、ランナウェイ、別れても好きな人、贈る言葉
12	**済生会宇都宮病院で、4つ子(男2人、女2人)誕生**		書物	青い時、ノストラダムスの大予言、ツービートのわッ毒ガスだ、項羽と劉邦
28	アジアで初めての第5回主要先進国首脳会議(東京サミット)開催		映画	影武者、復活の日、二百三高地、ツィゴイネルワイゼン、地獄の黙示録、「クレイマー、クレイマー」
7.1	ソニーが「ウォークマン」を発売		その他	竹の子族、ルービックキューブブーム、漫才ブーム、とらばーゆ
8.11	中国が、人口抑制のため「ひとりっ子政策」を発表			
10.26	韓国の朴大統領、KCIA部長に射殺される			
11.4	テヘランで米大使館占拠事件が発生、100人が人質		**1981(昭和56)年**	
12.10	インド・カルカッタのスラムで孤児などの救済活動を行ってきたマザー・テレサにノーベル平和賞		1.	**県内の小中学校の学校給食実施状況が100%となった**
流行語	ウサギ小屋、天中殺、オジンオバン、夕暮れ族		3.2	中国残留孤児47人が、初めて祖国日本の土を踏んだ
流行歌	夢追い酒、魅せられて、おもいで酒、関白宣言、YOUNG MAN、北国の春		4.8	**通産省(現・経済産業省)はテクノポリス(技術集積都市)の建設基本調査地として宇都宮地区を含む全国16カ所を指定**
書物	算命占星学入門、天中殺入門、指導の泉、ジャパン・アズ・ナンバーワン		12	米スペースシャトル「コロンビア」打ち上げ成功。地球を36周し、14日に帰還
映画・テレビ	銀河鉄道999、あゝ野麦峠、復讐するは我にあり、ディア・ハンター、スーパーマン、エイリアン、ドラえもん(放映開始)、機動戦士ガンダム(シリーズ放映開始)、3年B組金八先生(シリーズ放映開始)		5.19	**宇都宮市在住の作家、立松和平さんの「遠雷」の映画化が決まり、東京の東宝本社で製作発表**
			6.15	パリ警視庁がオランダ人女子学生を殺害し人肉を食べたパリ大学の日本人留学生を逮捕
その他	ウォークマン(SONY)発売		6.5	米「ニューヨークタイムズ」紙が、同性愛者から原因不明のガン発見と報道。初めてのエイズ報道
			29	英のチャールズ皇太子が、スペンサー伯令嬢のダイアナさんと結婚。世紀のロイヤル・ウエディングと騒がれた
1980(昭和55)年			8.5	電電公社が、磁気カード式テレホンカードを発売
	栃の葉国体開催を前に、国鉄が宇都宮、小山などの県内14駅を新築・改築		10	**宇都宮市の民家に訓練中の自衛隊機が墜落し、乗員5人が死亡**
	この年、日本は世界の4分の1にあたる1,104万台余の自動車を生産、世界一の座に		10.16	北海道夕張市の北炭夕張炭鉱で有毒ガス噴出と坑内火災で、作業員・救護隊員93人が死亡
1.16	ポール・マッカートニーが大麻所持現行犯で成田空港で逮捕される。東京公演は中止		19	福井謙一京大教授がノーベル化学賞受章と決定
3.7	人気アイドルの山口百恵が、俳優の三浦友和と婚約を発表。10月5日に武道館で引退コンサート		25	**自治医科大学2年の丸岡秀範9段が、ブリュッセルで開かれた世界オセロ選手権で優勝**
4.9	**県公館が宇都宮市昭和1丁目にオープン**		11.18	ロサンゼルスで、三浦和義さんの妻一美さんが銃弾に撃たれ、現金を奪われる。「ロス疑惑」の発端
23	**閉山した足尾銅山の通洞坑内を使った「足尾銅山観光」がオープン**		流行語	ハチの一刺し、ブリッ子、えぐい、ノーパン喫茶、んちゃ、なめんなよ
25	東京・銀座でトラック運転手がふろしき包みに入った現金1億円を拾う		流行歌	ルビーの指輪、奥飛騨慕情、スニーカーぶる～す、守ってあげたい、ハイスクール・ララバイ、もしもピアノが弾けたなら
5.7	**県オペラ同好会による県内初のオペラ公演が、4月にオープンした宇都宮市文化会館大ホールで開催**		書物	窓ぎわのトットちゃん(732万部を超える)、人間万事塞翁が丙午、なんとなくクリスタル
23	黒澤明監督の「影武者」がカンヌ映画祭で最優秀グランプリを受賞		映画・テレビ	魔界転生、駅STATION、セーラー服と機関銃、レイダース/失われたアーク、エレファント・マン、オレたちひょうきん族(放映開始)
24	モスクワ五輪不参加決定。柔道の山下泰裕が涙の会見		ファッション	聖子ちゃんカット、レッグウォーマー
5.28	ロッテ・オリオンズ(現・千葉ロッテマリーンズ)の張本勲が、日本プロ野球史上初の3,000本安打を達成			
6.15	ゴルフの全米オープンで青木功が日本人最高位の2位		**1982(昭和57)年**	
23	**衆参同日選挙で森山欽司自民県連会長(衆院)と新人で妻の真弓氏(参院)が夫婦で当選**		1.13	**国鉄は、東北新幹線の県北駅名を「那須塩原」に決定**
7.3	警視庁が、「イエスの方舟」教祖の千石イエスと信者26人を熱海市で発見。女性7人を保護		2.8	東京・赤坂のホテルニュージャパンで火災、外国人を含む33人が死亡。11月18日に、社長らを業務上過失致死容疑で逮捕
8.31	ポーランド政府とワレサ統一スト委員長が、自主労働設定協定書に調印。9月22日に「連帯」発足		9	福岡発羽田行きの日航機が羽田空港に着陸寸前に海中に墜落し、24人が死亡。機長の「逆噴射」操縦が原因
9.5	**国鉄(現・JR)宇都宮駅西口広場が使用開始**			
9	イラン・イラク戦争が勃発			
10.12	**栃の葉国体秋季大会が開幕**			
11.4	巨人軍の王貞治が現役引退を発表			

3.26	足利市愛宕台中の少年消防クラブが、全国少年消防クラブ運営指導協議会から消防庁長官賞
4. 1	500円硬貨発行
2	アルゼンチン軍が英領フォークランド諸島を武力占拠
5.31	水稲の害虫のイネミズゾウムシを藤原町（現・日光市）の水田で初めて確認
6.22	米国FBIが、世界最大のコンピューターメーカーIBMへのスパイ容疑で日立製作所と三菱電機の社員ら7人を逮捕
23	東北新幹線大宮—盛岡間が開通
9.20	県女性ドライバークラブ連合会が誕生
10.23	宇都宮市睦町に県立博物館と県中央公園が完成
29	元三越社長が特別背任罪で逮捕
11.14	国鉄（現・JR）が、28年間走った急行「日光号」を廃止
12.12	名古屋市の戸塚ヨットスクールで、訓練中の中学生が死亡。愛知県警は15日、同校を家宅捜索
17	東北線宇都宮—岡本間で、急行列車の全車両のドアが開く事故が発生。250人の乗客は無事
流行語	逆噴射、ルンルン、なめたらあかんぜよ、ほとんどビョーキ、ネクラネアカ、なぜだ！
流行歌	待つわ、セーラー服と機関銃、聖母たちのララバイ、北酒場
書物	プロ野球を10倍楽しく見る方法、悪魔の飽食、気くばりのすすめ
映画・テレビ	鬼龍院花子の生涯、ハイティーン・ブギ、蒲田行進曲、E.T.、少林寺、ブッシュマン、笑っていいとも！（放映開始）
その他	ガンプラブーム、テレホンカード発売、CDプレーヤー（ソニー）発売、パソコンPC9801（NEC）発売

1983（昭和58）年

3.	県内企業の31％が産前・産後休暇のないことが、県労務課の調査で分かった。婦人の就労実態調査は初めて
13	東北大学が「試験管ベイビー」の着手に成功。10月14日、日本初の「試験管ベイビー」が誕生
4. 1	宇都宮市竹林町の市緊急医療センターがオープン
15	東京ディズニーランドが日本最大のテーマパークとして、千葉県浦安市にオープン
27	国鉄（現・JR）東北線に「自治医大駅」が開業
5.24	米政府がエイズを国家最優先対策病に指定
26	日本海中部地震（M7.7）で104人が死亡
6.26	第12回参議院選挙で、初めて比例代表制を導入
7. 5	帝京大病院の血友病患者が死亡。8月末にエイズと診断
8.21	フィリピンのアキノ元上院議員がマニラ空港で暗殺
9. 1	大韓航空機が、サハリン沖でソ連軍戦闘機の対空ミサイルで墜落。乗員・乗客269人が犠牲
30	県土地対策課が83年の地価調査結果を発表。県内住宅地の上昇率は6.2％と全国トップ
10.12	東京地裁が、ロッキード事件丸紅ルート公判で田中角栄元首相に懲役4年の実刑判決
11. 1	藤原町と栗山村（現・日光市）にまたがる「川治ダム」が完成
12. 8	愛人バンクの第1号「夕ぐれ族」が売春あっせんで摘発
流行語	軽薄短小、ハイテク、「いいとも！」、ニャンニャン
流行歌	さざんかの宿、矢切の渡し、めだかの兄妹、越冬つばめ、め組のひと、スリラー
書物	積み木くずし、探偵物語、老化は食べ物が原因だった
映画・テレビ	南極物語、探偵物語、汚れた英雄、楢山節考、おしん、積み木くずし
その他	ファミリーコンピュータ発売（任天堂）

1984（昭和59）年

1.18	福岡県の三井三池有明鉱で坑内火災。作業中の707人のうち83人が死亡
19	九州から関東まで大雪で、県内各地でも積雪5—10センチ。最高気温も氷点下1度と、53年ぶりの真冬日を記録した
2. 2	世界的ジャズ奏者の渡辺貞夫が、宇都宮市民栄誉賞第1号に選ばれた
3.18	江崎グリコ社長の江崎勝久さんが、兵庫県西宮市の自宅から誘拐。21日に監禁場所から脱出し、無事保護された
4.25	報徳会宇都宮病院の無資格診療事件で、保健婦助産婦看護婦法違反などの容疑で前院長を逮捕
5.10	江崎社長誘拐犯の「かい人21面相」がグリコ製品に毒を入れたと通告。大手スーパーなどがグリコ製品の販売を中止。「キツネ目の男」の似顔絵が公表された
12	NHKが衛星テレビ放送をスタート
7. 1	総務庁発足。後藤田正晴が初代長官
12	'84とちぎ博が「21世紀のたびだち・明日のくらしと産業」をテーマに、宇都宮市の清原工業団地内で開幕（〜9月16日）
28	第23回五輪ロサンゼルス大会開幕。日本は男子柔道など金メダル10個獲得
10.	厚生省が初の全国健康マップを配布。本県は脳卒中ワーストワンに
1	日光いろは坂が30年間の有料道路に幕を閉じ、無料となった
15	宇都宮市の人口が40万人突破、北関東で初めて
11. 1	新札発行。千円札に夏目漱石、五千円札に新渡戸稲造、一万円札に福沢諭吉
12.	イチゴの新品種「女峰」の出荷が本格的に始まった
流行語	オシンドローム、まるきん・まるび、くれない族、怪人21面相、イッキ
流行歌	「もしも明日が…。」、ワインレッドの心、涙のリクエスト、十戒、長良川艶歌、ライク・ア・ヴァージン
書物	愛情物語、メインテーマ、プロ野球しらなきゃ損する
映画	里見八犬伝、お葬式、麻雀放浪記、風の谷のナウシカ、瀬戸内少年野球団、インディ・ジョーンズ

1985（昭和60）年

1.15	横綱北の湖が引退。最多勝など1位記録は18
26	広域暴力団山口組竹中組長暗殺をきっかけに一和会との抗争が激化
3.10	青函トンネルが着工から21年で貫通
11	ソ連共産党書記長にゴルバチョフ就任
14	東北・上越新幹線の大宮—上野駅が開通
17	国際科学技術博覧会（つくば科学万博）が開幕（9月16日まで）
4.	宇都宮中央署が、宇都宮市内の無許可営業のディスコを新風営法違反で初摘発。県公安委員会は20日間の営業停止とした
1	民営化でNTT（日本電信電話）とJT（日本たばこ産業）が発足
6.18	詐欺まがい商法の豊田商事の永野一男会長が、マスコミ監視の中、自宅で2人組の男に刺殺される
7.16	国鉄（現・JR）宇都宮駅が、開業100周年を記念し"おむすび型"記念入場券を発売
8.12	羽田発大阪行きの日航ジャンボ機が群馬県の御巣鷹山に墜落、520人死亡。13日、乗客ら4人が奇跡的に救出された
29	小山市神鳥谷のKDD小山国際通信センターが業務開始

9.22	G5(先進5カ国蔵相・中央銀行総裁会議)で、ドル高を是正する協調介入に合意(プラザ合意)		7.17	日本映画界を代表する大スター、石原裕次郎死去(52歳)
11.13	コロンビアのネバドデルイス火山が噴火。約2万5,000人が死亡するなど、20世紀最大級の被害		8.7	「ロス疑惑」の一美さん殴打事件で、東京高裁が殺人未遂罪で元夫の三浦和義被告に懲役6年の判決
20	ジュネーブの米ソ首脳会談で、軍縮などで共同声明		17	87年度の県内イチゴの売上高が初めて150億円を突破、20年連続の日本一
流行語	キャバクラ、ダッチロール、NTT、トラキチ、私はコレで会社をやめました、FF(FOCUS FRIDAY)現象		23	南那須町(現・那須烏山市)が県内初のミニ独立国として「大金いかんべ王国」の建国を宣言
流行歌	ミ・アモーレ、恋に落ちて、Romanticが止まらない、俺ら東京さ行くだ、ウイ・アー・ザ・ワールド		10.12	利根川進MIT大教授がノーベル医学生理学賞受賞
書物	アイアコッカ、科学万博つくば85公式ガイドブック、首都喪失、スーパーマリオブラザーズ完全攻略本		13	安田火災が58億2,000万円で購入したゴッホの「ひまわり」を一般公開
映画・テレビ	ビルマの竪琴、花いちもんめ、恋文、ゴジラ、乱、Wの悲劇、グレムリン、アマデウス、ゴーストバスターズ		19	ニューヨーク株式市場が史上最大の大暴落(ブラックマンデー)。翌日、東証も過去最大の下げ幅
スポーツ	プロ野球・阪神が21年ぶりに日本一		11.29	大韓航空機がビルマ上空で行方不明に。12月15日、爆弾テロ容疑で北朝鮮の金賢姫を韓国に移送
			12.8	米ソ首相がINF(中距離核戦力)全廃条約に調印

1986(昭和61)年

1.28	米でスペースシャトル「チャレンジャー」が打ち上げの際に爆発、乗組員7人全員が死亡
2.1	「いじめ」を受けていた東京・中野富士見中2年生が自殺
4.1	男女雇用機会均等法が施行
26	ソ連のチェルノブイリ原子力発電所で爆発事故
5.8	英皇太子夫妻が来日。ダイアナフィーバーが起こる
6.5	藤尾正行文相が、月刊誌で「日韓併合は両国の合意」と発言。8日に中曽根首相が文相を罷免
19	枯葉剤によるベトナムの二重体児、ベトちゃんドクちゃん来日。東京・広尾の日赤医療センターで治療
7.30	東北自動車道の浦和－青森間が全線開通
8.5	台風10号が県内を直撃。茂木町の逆川などが氾濫し、6人が死亡
13	宇宙開発事業団が、種子島でH1ロケット打ち上げ
10.1	県が情報公開制度スタート
1	人気演歌歌手森昌子と森進一が挙式
24	奥日光・華厳の滝で滝口付近の岩盤が崩落、景観が一変
11.15	マニラ郊外で三井物産の若王子信行マニラ支店長が武装5人組に誘拐される。翌年3月救出
21	伊豆大島の三原山が209年ぶりに大噴火。島民約1万300人が島から緊急脱出
12.9	ビートたけしと「たけし軍団」の計12人が、取材方法抗議のため写真週刊誌「フライデー」編集部に乱入
流行語	究極、新人類、亭主元気で留守がいい、おニャン子、プッツン
流行歌	CHA-CHA-CHA、仮面舞踏会、My Revolution、恋に落ちて、DESIRE、天城越え
書物	化身、日本はこう変わる、知価革命、ちびまる子ちゃん
映画・テレビ	子猫物語、鍵の権三、植村直己物語、火宅の人、バック・トゥ・ザ・フューチャー、ドラゴンボール
その他	レンズ付きフィルム「写ルンです」(富士フイルム)発売

1987(昭和62)年

1.9	NTTが株式上場。10日、初値160万円を記録
17	厚生省が、日本で初の女性エイズ患者を認定
3.14	県文芸協会と下野新聞が「下野文学大賞」を創設。第1回受賞作は、生井武司氏の詩集「餘聾」と篠崎勝己氏の詩集「無」
4.1	国鉄が分割民営化し、JRとして誕生
5.	1986年の県内の海外渡航者が5万9千人に急増。特に女性は過去10年で3倍に増えた
3	朝日新聞阪神支局に覆面男が侵入し、散弾銃を発砲。記者1人が死亡
15	コシヒカリや益子焼など「とちぎ100選」を県が発表

16	首都圏最大のスキー場として、塩原町(現・那須塩原市)に「ハンターマウンテン・スキーボウル塩原」がオープン
流行語	JR、マルサ、鉄人、フリーター、懲りない○○
流行歌	命くれない、雪國、愚か者、人生いろいろ
書物	サラダ記念日、ビジネスマンの父より息子への30通の手紙、塀の中の懲りない面々、MADE IN JAPAN
映画	マルサの女、吉原炎上、ハチ公物語、次郎物語、トップガン、アンタッチャブル、プラトーン
ファッション	ワンレングス、ボディコン

1988(昭和63)年

1.17	矢板市の公共工事に絡む汚職事件で、市長を収賄容疑で逮捕
2.2	ガットが日本の農産物輸出制限を違反と裁定
3.13	青函トンネルが開通
17	東京・後楽園に「東京ドーム」が落成
24	上海近郊で列車同士が正面衝突、修学旅行中の高知学芸高校生ら28人が死亡
4.10	本州と四国を結ぶ瀬戸大橋が開通
11	坂本龍一が、映画「ラストエンペラー」で日本人初の米アカデミー賞オリジナル作曲賞を受賞
11	第3セクターとなった真岡鐵道が開業
5.3	宇都宮市西川田町に「県子ども総合科学館」がオープン
12	渡辺貞夫が「ロサンゼルス市名誉市民賞」受賞
27	小山市長が学校建設をめぐる収賄事件で逮捕。6月16日には県議も逮捕
6.14	登山家の田部井淳子が北米マッキンリー登頂に成功、日本女性で初めて5大陸最高峰を征服
18	川崎市助役がリクルート社関連の未公開株3,000株を譲渡され、1億円の利益を得たことが判明。「リクルート事件」の発端
7.2	県那須野が原公園がオープン
23	横須賀沖で海上自衛隊の潜水艦「なだしお」と釣り舟第1富士丸が衝突。第1富士丸が沈没し、乗客、乗組員30人が死亡
8.20	イラン・イラク戦争が7年ぶりに終結
9.17	ソウル五輪が開幕。24日、鈴木大地が男子100メートル背泳ぎで金メダル
30	食と緑の博覧会「イートピアとちぎ'88」が開幕。11月6日まで
11.29	竹下登首相、全市町村に一律1億円の「ふるさと創生資金」交付を決定
流行語	ペレストロイカ、ソース顔・しょうゆ顔、5時から男、シーマ
流行歌	パラダイス銀河、乾杯、DAYBREAK、酒よ

書物	ノルウエイの森、ゲームの達人、裕さん抱きしめたい
映画・テレビ	敦煌、異人たちとの夏、となりのトトロ、あぶない刑事、ラストエンペラー、ロボコップ、それいけ！アンパンマン（放映開始）
その他	東京ドーム開場

1989（昭和64／平成元）年

1.7	昭和天皇が崩御。新元号「平成」に
2.1	全国52の相互銀行が普通銀行に転換。栃木相互銀行は「栃木銀行」として新たにスタート
9	漫画家の手塚治虫が死去（62歳）
10	宇都宮市の大谷石採取場跡地で約3,300平方メートルが陥没。穴は南北70メートル、東西60メートル、深さ20－30メートルに達し、9世帯29人が避難
13	リクルート社による贈収賄事件で、東京地検は江副前会長ら4人を逮捕
15	アフガニスタンに駐留していたソ連軍約11万5,000人が、撤退を完了
22	佐賀県教委が吉野ヶ里遺跡で、弥生時代後期のものとしては国内最大の環濠集落を発掘したと発表
3.29	全国で31番目の第3セクター鉄道として「わたらせ渓谷鐵道」が開業
30	女子高生を監禁、殺害し、コンクリート詰めにして遺体を埋めた東京・綾瀬の少年2人を警視庁が逮捕
4.1	税率3％の消費税を実施
8	県と49市町村が、第2、第4土曜日を閉庁とする土曜閉庁を一斉スタート
25	竹下登首相がリクルート問題で辞意。続いてこの年、宇野宗佑、海部俊樹が首相に
5.5	モントリオール議定書締約国会議で、オゾン層を破壊するフロンガスを2000年までに全廃することをうたった「ヘルシンキ宣言」を採択
6.4	中国で民主化を要求する学生らが北京の天安門広場に集まり、当局に武力で弾圧され、多数が死傷した
24	国民的歌手の美空ひばり死去（52歳）
29	県が中国・浙江省との友好交流協定書に調印
7.23	参院選で自民党が大敗し、与野党が逆転
8.11	4人が亡くなった連続幼女誘拐殺人事件で、強制わいせつ容疑で逮捕されていた宮崎勤容疑者を殺人容疑で再逮捕
25	本県選出の森山真弓参院議員が、女性初の内閣官房長官に就任
10.17	米カリフォルニア州サンフランシスコで、マグニチュード7.1の大地震、ビルや家屋、高速道路などが崩壊し、67人が死亡
31	ロックフェラー社を三菱地所が買収
11.9	情報公開制度に基づく知事交際費の内容公開を求めた行政訴訟で、宇都宮地裁は原告の訴えを退け「非公開」とした
10	ベルリンの壁が崩壊。東欧に民主化の大波
15	神奈川県警が坂本弁護士一家の行方不明事件で公開捜査に踏み切る
21	日本労働組合総連合会（連合）が発足
30	県内最大の労働団体の「県労働組合会議」が解散。40年の歴史に幕
12.3	ブッシュ米大統領とゴルバチョフ・ソ連書記長がマルタ会談。東西冷戦が終結
9	宇都宮市が87年から3年間・総額1億8,900万円のヤミ手当を支給していたことが明らかに
29	東証終値3万8,915円87銭で史上最高値を更新

流行語	セクハラ、オバタリアン、オタク、24時間タタカエマスカ、イカ天、こんなん出ましたけど、一杯のかけそば
流行歌	川の流れのように、Diamonds、とんぼ、淋しい熱帯魚、紅、ランバダ
書物	TSUGUMI、キッチン、消費税こうやればいい、時間の砂
映画	釣りバカ日誌、黒い雨、あ・うん、魔女の宅急便、どついたるねん、レインマン、ブラック・レイン、ダイ・ハード

1990（平成2）年

1.6	89年の県内の交通事故死者数が人口10万人当たりで全国ワーストワン
13	初の大学入試センター試験実施
18	本島等長崎市長が右翼の男から銃撃され重傷。市長の「天皇に戦争責任はある」の発言が原因
2.1	県内全域に45年ぶりの大雪警報。宇都宮市で積雪26センチを記録
11	南ア政府、黒人解放指導者のネルソン・マンデラを釈放
3.6	衆院2区で当選した稲村派の選挙違反事件で、買収容疑で逮捕された田沼町（現・佐野市）の正副議長を含む町議13人が辞職
10	東北線の上野―黒磯間を「宇都宮線」の愛称に改称
11	リトアニア共和国がソ連から独立宣言。30日、エストニアも独立へ
17	千代の富士が史上初の通算1,000勝
4.28	新「連合栃木」が結成大会。約11万4,000人が加盟
6.1	県の「ふるさと街道景観条例」第1号として、那須街道、塩原街道、那須塩原横断道路の3路線を「街道景観形成地区」に指定
29	礼宮殿下と川嶋紀子さまとの結婚の儀。秋篠宮家誕生
7.6	兵庫県の県立高校で、教諭が登校の門限が過ぎたとして校門の鉄製門扉を閉め、一年生の女子生徒が頭を挟まれ死亡
9.1	世界選手権自転車競技大会ロード競技が、アジアで初めて宇都宮市の森林公園周回コースで開催。世界30カ国・地域、220選手が参加
19	壬生町から宇都宮市南部で竜巻が発生、民家66棟が倒壊
10.3	東西ドイツ統一。「ドイツ連邦共和国」が誕生
15	県内の全小中学校で本県産のコシヒカリの米飯学校給食が始まる
11.12	天皇陛下の即位を内外に宣言する「即位礼正殿の儀」が宮殿・松の間で行われた
12.2	TBS秋山豊寛記者がソ連の宇宙船で日本人初の宇宙飛行に成功。10日に帰還
19	上智大学教授の緒方貞子が、国連難民高等弁務官に選任される。（日本人初の国連常設機関の長）
27	東京地裁が、稲村利幸元環境庁長官（本県2区選出）を17億円の脱税容疑で在宅起訴。現職国会議員で初

流行語	ファジィ、アッシーくん、バブル経済、オヤジギャル、ブッシュホン、三高、成田離婚
流行歌	おどるぽんぽこりん、浪漫飛行、会いたい、今すぐKiss Me、真夏の果実
書物	愛される理由、真夜中は別の顔、「NO」と言える日本、文学部唯野教授
映画・テレビ	天と地と、稲村ジェーン、少年時代、死の棘、櫻の園、夢、ドライビングMissデイジー、ゴーストニューヨークの幻、バットマン、ちびまる子ちゃん（放映開始）
その他	ティラミスブーム、スーパーファミコン発売、ダイヤルQ2

1991（平成3）年

- 1.16 多国籍軍がイラクを軍事攻撃、湾岸戦争始まる
- 24 政府が多国籍軍へ約1兆2,000億円の追加支援を決定
- 30 平壌で日朝国交正常化交渉が開かれ、日本側が初めて過去の植民地支配に「深い反省」を表明
- 2.9 福井県美浜原発で冷却水漏れ事故
- 27 湾岸戦争終結。ブッシュ大統領が勝利宣言。28日、イラクも停戦命令
- 4.1 牛肉、オレンジの輸入自由化がスタート
- 24 政府が海上自衛隊掃海艇のペルシャ湾派遣を決定。26日に出港し、10月30日帰国
- 5.12 千代の富士が貴花田（のちの貴乃花）に敗れ、14日に引退表明
- 14 信楽高原鉄道で列車衝突事故。死者42人、負傷者は614人
- 6.3 長崎県の雲仙・普賢岳で大規模な火砕流が発生し、消防団員や報道カメラマンら43人が死亡
- 13 ロシア共和国初の大統領選でエリツィンが当選
- 15 フィリピンのピナツボ火山が大噴火。700人以上が死亡
- 20 東北・上越新幹線の上野—東京間が開業
- 7.1 ワルシャワ条約機構が解体
- **18 日光市光徳と群馬県片品村を結ぶ「奥鬼怒スーパー林道」（46.6キロ）が着工から20年で全面開通**
- 8.19 ソ連の副大統領ら保守派がクーデター。21日、失敗
- **10.8 宇都宮市の県庁前に「県総合文化センター」開館**
- **12.2 90年5月、足利市の渡良瀬川河川敷で4歳女児が殺害された事件で、元幼稚園バス運転手を逮捕（足利事件）**
- 25 ソ連崩壊。独立国家共同体発足でゴルバチョフ大統領辞任
- 流行語▶じゃあ〜りませんか、PKO、若貴、損失補填、地球にやさしい
- 流行歌▶ラブ・ストーリーは突然に、SAY YES、愛は勝つ、どんなときも。
- 書物▶もものかんづめ、血族、だから私は嫌われる、ホーキングの最新宇宙論
- 映画・テレビ▶おもひでぽろぽろ、大誘拐、羊たちの沈黙、ホーム・アローン、プリティ・ウーマン、ダンス・ウィズ・ウルブズ、東京ラブストーリー、101回目のプロポーズ
- その他▶ヘアヌード解禁、紺ブレブーム、茶髪ブーム

1992（平成4）年

- 1.26 貴花田（のちの貴乃花）が大相撲初場所で史上最年少の19歳5カ月で優勝
- 31 大店法（大規模小売店舗法）施行
- 2.14 東京地裁が東京佐川急便の渡辺広康元社長らを特別背任容疑で逮捕
- **18 独協医科大学病院で国内で初めて体外受精方法の一つ、ギフト法で生まれた5つ子（3男2女）が無事退院**
- 3.1 暴力団対策法施行。6月、山口組などが指定暴力団に
- 14 東海道新幹線「のぞみ」デビュー。東京—新大阪間を2時間30分に短縮
- **20 足利市民会館大ホールで演説していた金丸信自民党副総裁に、右翼が実弾3発発砲**
- 4. 旧ユーゴスラビアの内戦が泥沼化。避難民は人口の5％にあたる110万人に
- **25 県が県内のゴルフ場が100カ所を突破したと発表。県内ゴルフ場は「競合の時代」へ**
- **27 鹿沼市の稲川武市長が再選を果たし、当選の告示を受けた3時間後に死去**
- 5.2 国家公務員の完全週休2日制がスタート
- 22 映画監督の伊丹十三が暴力団に顔を切られ重傷
- 6.15 国連平和維持活動協力法（PKO法）成立
- 16 米ロ首脳会談で複数目標弾頭の大陸間弾道ミサイル（ICBM）全廃に合意
- 18 ODA（政府開発援助）実績が約110億ドルで世界一に
- **27 栃木市内で女子短大生が殺害。翌28日にスリランカ国籍の工員を逮捕**
- 7.1 山形新幹線（ミニ新幹線）が開業
- 27 バルセロナ五輪200メートル平泳ぎで、14歳の岩崎恭子選手が2分26秒65の五輪新記録で金メダル
- 8.24 中国と韓国が国交樹立
- 9.12 日本人宇宙飛行士の毛利衛さんの乗ったスペースシャトル「エンデバー」打ち上げに成功
- **24 小山ゆうえんちの親会社、思川観光が宇都宮地裁栃木支部に会社更生法の適用を申請。事実上倒産**
- 10.13 カンボジア派遣PKO本隊376人が、愛知県小牧基地から出発
- 23 天皇皇后両陛下が初の中国訪問。天皇は歓迎晩餐会で「中国国民に対し、多大の苦難を与えた」と「お言葉」
- **12.2 県内在住の女性がセクハラを受けた上、退職に追い込まれたとして、元上司と会社を訴える。セクハラ訴訟で実名を公表するのは全国初**
- **12 宮澤改造内閣で船田元（本県1区選出）が戦後最年少（当時）の39歳1カ月で入閣（経済企画庁長官）**
- 流行語▶ほめ殺し、カード破産、複合不況、冬彦さん現象、今まで生きてきた中で一番幸せです
- 流行歌▶君がいるだけで、悲しみは雪のように、ガラガラヘビがやってくる、それが大事、涙のキッス
- 書物▶それいけ×ココロジー、さるのこしかけ、たけし・逸見の平成教育委員会、ゴーマニズム宣言
- 映画・テレビ▶紅の豚、おろしや国酔夢譚、「シコふんじゃった。」、ミンボーの女、JFK、氷の微笑、ツイン・ピークス、ずっとあなたが好きだった
- その他▶きんさんぎんさん、カシオ腕時計「Gショック」ブーム

1993（平成5）年

- 1.1 EC統合市場がスタート
- 13 山形県新庄市の中学校体育館で、「いじめ」にあっていた1年の男子生徒がマットに巻かれて窒素死
- 24 大相撲初場所で曙が2場所連続優勝。27日に外国人初の横綱昇進が決定
- **2.15 高根沢町のゴルフ場開発に絡む贈収賄事件で町長を逮捕**
- 2.26 ニューヨークの世界貿易センタービルで爆弾テロ事件。死者7人、重軽傷者1,000人以上に
- 3.6 東京地検、ゼネコンから巨額のヤミ献金を受け取り数億円の脱税をしたとして金丸信前自民党副総裁を逮捕
- 4.23 歴代天皇で初めて天皇、皇后両陛下が沖縄を訪問
- 5.15 プロサッカーのJリーグが開幕
- **20 JA栃木信連が財テクに失敗、130億円の赤字**
- 6.9 皇太子さまと小和田雅子さんの「結婚の儀」
- 18 衆院で宮沢内閣不信任案が可決し、衆院解散
- 21 自民党を離党した武村正義らが新党さきがけを結成
- 23 羽田孜前蔵相と船田元前経企庁長官ら44人が自民党を離脱し、新生党を結成
- 7.12 北海道南西沖で大規模地震が発生、奥尻島青苗地区を中心に死者202人、行方不明者29人
- **18 総選挙で自民、社会両党が大敗し、「55年体制」が崩壊。県内でも新生、さきがけ、日本新党の新党勢が躍進**
- **8.1 本県で全国高校総体（インターハイ）が開幕（〜20日）**
- 9 8党会派による細川護熙連立内閣が成立
- 26 東京湾に長さ798メートルの「レインボーブリッジ」が開通

9.13	イスラエルとPLOがパレスチナ暫定自治宣言に調印
10. 5	葛生町(現・佐野市)の産廃処理場問題で、県が営業を許可したことに抗議して住民約1,000人が県庁で座り込み
15	南アフリカのマンデラ民族会議議長とデクラーク大統領にノーベル平和賞
28	県産米の作況指数が「82」で著しい不良
12.	法隆寺地域の仏教建造物(奈良)や屋久島(鹿児島)など4件が日本初の世界遺産に登録
15	新多角的貿易交渉(ウルグアイラウンド)が最終合意。日本はコメの部分開放を受け入れた
16	田中角栄元首相が死去(75歳)
流行語	Jリーグ、サポーター、FA(フリーエージェント)、規制緩和、聞いてないよォ、ウゴウゴルーガ、悪妻は夫をのばす、コギャル、バリアフリー
流行歌	YAH YAH YAH、「愛のままにわがままに 僕は君だけを傷つけない」、ロード、負けないで、真夏の夜の夢、島唄、TRUE LOVE
書物	磯野家の謎、マディソン郡の橋、日本改造計画、生きるヒント
映画・テレビ	学校、まあだだよ、REX恐竜物語、ジュラシック・パーク、ボディガード、逃亡者、許されざる者、ひとつ屋根の下、高校教師
その他	お立ち台(ジュリアナ東京)、もつ鍋ブーム

1994(平成6)年

2. 4	宇宙開発事業団が初の純国産ロケットH2の打ち上げに成功
28	ボスニア紛争でNATO軍がセルビア人勢力に初の武力行使
3.11	ゼネコン汚職で中村喜四郎前建設相を収賄容疑で逮捕
31	**栃木新聞社が、4月1日付の新聞を最後に栃木新聞を廃刊すると発表**
4.	**県酪農試験場などの共同開発グループが、受精卵の核移植技術を使い2頭のクローン牛を生産。ホルスタインでは日本初**
1	**本県初の民間県域FMラジオ放送として「エフエム栃木」が開局**
26	中華航空機が名古屋空港で着陸に失敗し炎上。264人が死亡する大惨事となる
5. 2	**厚生省が発表した1993年健康マップで、本県は男女とも脳卒中の死亡率が全国トップであることが分かった**
9	南アフリカ共和国でネルソン・マンデラが初の黒人大統領に
6.23	厚生省は1人の女性が一生に生む子どもの数が1.46人で、最低記録を更新したと発表
27	東京外為市場の円相場が円高で戦後初めて1ドル=100円を突破
27	松本サリン事件が発生、7人死亡
29	村山富市社会党委員長が首相に。30日に自社さ連立内閣が発足
7. 8	日本初の女性飛行士の向井千秋さんを乗せた米スペースシャトル「コロンビア」打ち上げ。23日帰還
8	北朝鮮の金日成国家主席が死去(82歳)
8.18	**葛生町(現・佐野市)の産廃処分場問題で、栃木市は業者に補償金6億2千万円を払い、業者が処分場と処分業を放棄することで収拾、解決した**
31	**県内高卒者の大学進学率が35.1%と最高記録を更新して、初めて就職率を上回ったことが県のまとめで分かった**
9. 4	南アフリカのマンデラ民族会議議長とデクラーク大統領にノーベル平和賞
10.13	**福田屋ショッピングプラザ宇都宮店がオープン。郊外型店舗時代の到来**
13	大江健三郎がノーベル文学賞を受賞
11.10	**公正取引委員会が宇都宮市建設業協会の談合を認定、独禁法違反で排除勧告**
流行語	価格破壊、ヤンママ、同情するなら金をくれ、ゴーマニズム、就職氷河期、新・新党
流行歌	innocent world、ロマンスの神様、愛しさとせつなさと心強さと、空と君のあいだに、Boy Meets Girl
書物	日本をダメにした九人の政治家、大往生、マディソン郡の橋、「超」整理法
映画・テレビ	平成狸合戦ぽんぽこ、忠臣蔵外伝・四谷怪談、四十七人の刺客、クリフハンガー、シンドラーのリスト、家なき子
スポーツ	プロ野球オリックス・イチローがシーズン最多安打達成(210本)、サッカー三浦知良がイタリア・セリエAに移籍
その他	プレイステーション(ソニー)発売

1995(平成7)年

1.17	M7.2の阪神・淡路大震災が発生。阪神間の広範囲で震度7を記録。犠牲者は6,000人以上に
3.20	死者11人を出した地下鉄サリン事件が発生
4. 8	**県北初の4年生大学・国際医療福祉大学が開学**
9	統一地方選で東京都知事に青島幸男氏、大阪府知事に横山ノック氏が当選
19	東京外国為替市場で1ドル=79円75銭となり、戦後初めて80円を突破
5.16	地下鉄サリン事件の中心人物として、オウム真理教の麻原彰晃(本名・松本智津夫)代表を殺人容疑などで逮捕
6.21	**本県出身の銀行員が全日空機をハイジャック**
29	ソウルのデパートが崩壊し、501人が死亡
7.10	ミャンマー民主化運動の指導者アウン・サン・スー・チー女史が6年ぶりに自宅軟禁を解かれる
21	**栃木市農協の66億円の過剰融資と81億円の迂回融資が判明**
30	八王子スーパー強盗殺人事件で女性3人が射殺される
8. 5	米とベトナムが国交樹立の外交文書に調印
15	村山総理が戦後50年談話を発表
9. 4	沖縄県で女子小学生が米海兵隊員ら3人に暴行される
15	**渡辺美智雄元副総理が死去(72歳)**
10. 3	**警視庁が特別指名手配中のオウム真理教幹部が潜伏していたとみられる栗山村の山中で、猛毒のシアン化ナトリウム計8.5キロを発見**
7	**日光市と群馬県片品村を結ぶ国道120号の「金精道路」が無料に**
27	**第10回国民文化祭・とちぎ95が開幕(~11月5日)**
11.16	韓国の盧泰愚前大統領をわいろを受け取ったとして逮捕。12月3日には全斗煥元大統領を反乱首謀罪で逮捕
26	大相撲九州場所で若乃花が貴乃花を破り2度目の優勝。優勝決定戦の兄弟対決は史上初
12. 1	**JR東日本のダイヤ改正で、東北新幹線の東京-那須塩原間に近距離型新幹線「なすの」が運行開始**
14	ボスニア・ヘルツェゴビナ内戦の和平協定がパリで調印
流行語	無党派、がんばろうKOBE、ライフライン、官官接待、インターネット
流行歌	LOVE LOVE LOVE、WOW WAR TONIGHT、HELLO、Tomorrow never knows、Hello,Again、ロビンソン、TOMORROW、Overnight Sensation、ズルイ女
書物	遺書、松本、ソフィーの世界、大往生、金田一少年の事件簿、名探偵コナン、パラサイト・イヴ

映画・テレビ	▶	耳をすませば、午後の遺言状、学校の怪談、スピード、フォレスト・ガンプ一期一会、アポロ13、マスク
スポーツ	▶	プロ野球野茂英雄が米メジャーリーグへ移籍
その他	▶	ウィンドウズ95（マイクロソフト）発売

1996（平成8）年

1.11	日本人宇宙飛行士、若田光一さんを乗せたスペースシャトル「エンデバー」が打ち上げられた
26	日光杉並木国体が開幕。29日まで
2.10	宇都宮市は翌年開館の宇都宮美術館の目玉としてルネ・マグリットの「大家族」を6億2000万円で購入することを明らかに
10	北海道の豊浜トンネルで岩盤が崩落。通行中の路線バスと乗用車が下敷きとなり乗客ら20人が死亡
16	薬害エイズ問題で、菅直人厚相が東京、大阪HIV（エイズウイルス）訴訟の原告に対し国の責任を認めて謝罪。3月には国と製薬会社5社が和解を受け入れた
3.23	台湾で初の総統直接選挙。圧勝した李登輝が総統に
4.1	宇都宮市が「中核市」に移行
19	陶芸家の島岡達三さんが人間国宝に認定
5.9	足利市の女児殺害事件で、無期懲役の1審判決を受けた元幼稚園バス運転手被告の控訴審判決で、東京高裁は控訴を棄却
10	破綻した住宅金融専門会社処理に財政資金6,850億円を投入することを盛り込んだ96年度予算が参院本会議で可決、成立
6.1	新食糧法施行。米の自由販売が認められた
7.13	大阪府堺市の小学校で病原性大腸菌O157による食中毒が発生。7月以降、全国の患者数は9,000人を超え、死者は11人に上った
19	アトランタ五輪が開幕。21日にはサッカーの1次予選で、日本が優勝候補のブラジルに大金星
8.4	「男はつらいよ」の渥美清が死去（68歳）
9.17	米大リーグ、ドジャースの野茂英雄投手がノーヒットノーラン達成
10.14	「日本女性会議'96うつのみや」が開幕。最終日の16日には英国のサッチャー前首相が記念講演
20	小選挙区比例代表並立制による初の総選挙。239議席を獲得した自民党が単独少数内閣に
11.7	日光杉並木の保護資金積み立てのため、法人や個人に買い上げてもらうオーナー制度の契約第1号の調印式が行われた
11.15	歌川広重の肉筆の浮世絵など約3,600点の寄贈を美術品コレクターが馬頭町（現・那珂川町）に申し出ていることが分かった
流行語	▶	メークドラマ、プリクラ、援助交際、自分で自分をほめてあげたい、ストーカー
流行歌	▶	名もなき詩、DEPARTURES、LA・LA・LA LOVE SONG、チェリー、バンザイ〜好きでよかった、I'm proud、Don't wanna cry、これが私の生きる道
書物	▶	脳内革命、「超」勉強法、弟、テロリストのパラソル
映画・テレビ	▶	「Shall we ダンス？」、学校II、ミッション：インポッシブル、セブン
その他	▶	アムラーブーム、ルーズソックス、ゲームボーイ用ソフト「ポケットモンスター」（任天堂）発売、たまごっち（バンダイ）発売

1997（平成9）年

2.19	中国の最高実力者鄧小平が死去（92歳）
3.22	秋田新幹線が開業、10月1日には長野新幹線が開業
23	宇都宮市制100周年を記念として、「宇都宮美術館」が同市長岡町にオープン
4.1	消費税が3％から5％に
13	21歳のタイガー・ウッズが最年少でマスターズ初優勝
14	長崎県諫早湾の干拓事業で、農水省が潮受け堤防で湾奥部を閉め切る工事実施
22	ペルー日本大使公邸人質事件で、ペルー軍・警察の特殊部隊が突入、人質救出
6.17	脳死移植に道を開く臓器移植法が衆院本会議で賛成多数で可決、成立
28	神戸連続児童殺傷事件で、中学3年の男子生徒を逮捕
7.1	香港が1世紀半ぶりに英国から中国へ返還
15	スペインのマドリード郊外で本県観光客を乗せた小型バスとワゴン車が衝突し炎上。真岡市職員ら本県の8人が死亡
8.1	茂木町に総合モータースポーツ施設「ツインリンクもてぎ」がオープン
31	ダイアナ元皇太子妃がパリで交通事故死（36歳）
9.4	県人口が200万人を突破。全国では20番目
6	北野武監督の「HANA-BI」が、ベネチア国際映画祭でグランプリの金獅子賞。日本人で3人目
11.16	サッカー日本代表がW杯アジア最終予選第3代表決定戦でイランを下し、初出場を決めた
17	北海道拓殖銀行が営業権を北洋銀行に譲渡と発表。都銀の破綻は戦後初
18	東京株式市場で足利銀行株が急落、一時前日終値比53円安の188円となり終値も200円を割り込んだ。26日には一時75円まで急落
24	4大証券の1つ山一証券が自主廃業を発表
26	競輪の神山雄一郎が第39回競輪祭で3連覇を果たし、競輪界初の年間獲得賞金2億円を達成
12.19	日光市出身のソニー創業者井深大が死去（89歳）
流行語	▶	失楽園、パパラッチ、ガーデニング、マイブーム、日本盤ビッグバン、公的資金、酒鬼薔薇聖斗
流行歌	▶	「CAN YOU CELEBRATE？」、硝子の少年、夜空ノムコウ、ひだまりの詩、PRIDE、HOWEVER
書物	▶	ビストロスマップ完全レシピ、失楽園、少年H、鉄道員（ぽっぽや）、アンダーグラウンド、ONE PIECE（連載開始）
映画	▶	もののけ姫、失楽園、新世紀エヴァンゲリオン劇場版、うなぎ、ラヂオの時間、タイタニック、インデペンデンス・デイ、ロスト・ワールド
その他	▶	ハイブリッド車「プリウス」（トヨタ自動車）発売

1998（平成10）年

1.26	東京地検、銀行・証券からの接待をめぐる収賄容疑で大蔵省検査官2人を逮捕。大蔵省・日銀職員への過剰接待が明らかになり大蔵省の112人、日銀の98人が処分
28	黒磯市埼玉の黒磯北中で、1年生の男子生徒がナイフで女性教諭を刺殺
2.7	長野冬季五輪が開幕。スピードスケートの清水宏保らが金メダル5個を獲得
3.5	足利銀行が自己資金充実のため300億円の公的資金導入を申請
4.1	改正外国為替法が施行。金融ビッグバンが始まる
1	家電量販店のコジマの1998年3月期の売上高が3,000億円を突破し、日本一
5.11	インドが24年ぶり2度目の地下核実験を実施。28日、パキスタンが初の地下核実験
6.10	サッカーW杯フランス大会が開幕。日本は初出場で3戦全敗に終わる
22	金融監督庁が発足
7.25	和歌山毒物カレー事件発生、4人が死亡。12月、殺人容疑などで元保険外交員の主婦を逮捕

8.27	県北部を襲った集中豪雨で、余笹川などが氾濫。死者、行方不明者6人を出し、家屋や水田の流失など、被害総額は800億円を超えた
31	北朝鮮が弾道ミサイルの発射実験を行い、日本海と太平洋に着弾
9.6	「羅生門」などの映画監督、黒澤明が死去（88歳）
10.23	日本長期信用銀行が特別公的管理を申請、国有化。政府は12月13日にも、日本債券信用銀行の国有化を決めた
26	プロ野球の横浜ベイスターズが38年ぶりに日本一
12.19	1月に発覚したクリントン米大統領の不倫もみ消し疑惑で、下院が大統領の弾劾訴追（起訴に相当）状を可決。大統領に対する弾劾訴追は130年ぶり、史上2人目

流行語 ▶ ハマの大魔神、だっちゅうの、凡人軍人変人、冷めたピザ、環境ホルモン、ボキャ貧、貸し渋り
流行歌 ▶ Automatic、White Love、HONEY、Timing
書物 ▶ 大河の一滴、「小さいことにくよくよするな！」、ダディ、バガボンド（連載開始）
映画・テレビ ▶ 踊る大捜査線THE MOVIE、愛を乞うひと、リング、ディープ・インパクト、プライベート・ライアン、GTO、ショムニ

1999（平成11）年

1.1	欧州連合（EU）の11カ国が単一通貨ユーロを導入
12	アイスホッケー日本リーグの古河電工が今期限りで廃部すると発表。8月「HC日光アイスバックス（現・H.C.栃木日光アイスバックス）」発足
28	都賀町（現・栃木市）家中小わきに大量に野積みされていた産業廃棄物の問題から、県が行政代執行に着手。県が公費を使って産廃を処分するのは初めて
2.28	高知赤十字病院に入院した患者の提供で、臓器移植法に基づく国内初の脳死移植を実施
3.24	北大西洋条約機構（NATO）軍がユーゴスラビア全域を空爆
4.1	本県で初めての県域テレビ「とちぎテレビ」開局
5.21	新潟県の佐渡トキ保護センターで、トキの人工繁殖に国内で初めて成功
6.	完全失業率が6、7月連続で過去最悪の4.9％を記録。完全失業者は300万人を大きく上回った
25	オウム真理教（アレフに改称）の信者が、大田原市に男女3人の転入届を提出。市は2人分の転入届を保留
8.9	国旗国歌法が成立
17	トルコ西部でマグニチュード7.4の地震が発生。死者は合計1万8,000人
9.30	茨城県東海村の核燃料加工会社JCOで、国内初の臨界事故が発生。被ばくした従業員2人が12月と翌年4月に死亡
10.18	日産自動車カルロス・ゴーン最高執行責任者、東京・村山工場など国内5工場閉鎖などの経営再建策発表
24	自動車新ナンバー「宇都宮」「とちぎ」と決定。11月15日から交付
25	足利銀行は不良債権処理で失われた自己資金を増強するため、1,000億円の公的資金を金融再生委員会に仮申請
11.8	宇都宮市のミシンメーカー「シンガー日鋼」が本社工場を閉鎖することを明らかにした
12.2	日光の二社一寺の建造物とその境内地からなる「日光の社寺」が世界遺産に登録
20	ポルトガルに統治されていたマカオが中国に返還された

流行語 ▶ ブッチホン、リベンジ、学級崩壊、カリスマ、雑草魂
流行歌 ▶ だんご3兄弟、Winter, again、Boys & Giels、First Love、LOVEマシーン、アポロ、ここでキスして。

書物 ▶ 五体不満足、日本語練習帳、本当は恐ろしいグリム童話
映画 ▶ 鉄道員（ぽっぽや）、御法度、アルマゲドン、スター・ウォーズエピソード1、マトリックス、シックス・センス
ファッション ▶ ヤマンバ、ガングロ

2000（平成12）年

1.28	
2.6	大阪府知事選で太田房江氏が当選。全国初の女性知事
3.1	前年の栃木市議選で当選した市議などが選挙ポスター作製費用を水増し請求し不正に受け取っていたことが分かった。その後複数の市議らが不正請求を認めた
4.2	小渕恵三首相が緊急入院（5月14日死去。62歳）。5日に自公保の森喜朗連立内閣発足
6.1	上三川リンチ殺人事件で、殺人などの罪に問われた主犯格の少年に対し、宇都宮地裁が無期懲役の判決
11	宇都宮市の宝石店「ジュエリーツツミ宇都宮店」が放火され、女性従業員6人が死亡。13日、小山市の容疑者を逮捕
13	韓国の金大中大統領と北朝鮮の金正日国防委員長が、北朝鮮の平壌で朝鮮半島分断後初めての南北首脳会談を行った
7.19	42年ぶりに新額面紙幣「2000円札」が発行
21	沖縄サミットが開幕
9.2	三宅島の噴火で全島民が避難
15	シドニー五輪が開幕。女子マラソンで高橋尚子が金メダル
10.10	ノーベル化学賞に筑波大名誉教授・白川英樹氏
24	独協医科大学で県内の医療機関として初めて生体部分肝移植が行われた
11.3	馬頭町（現・那珂川町）広重美術館が開館
5	宮城県の上高森遺跡で、発掘団長が自ら石器を埋めて発掘ねつ造していたことが分かる
11	オーストラリア・アルプスのケーブルカー火災で日本人10人を含む155人死亡
19	県知事選で元今市市長の福田昭夫氏が現職の渡辺文雄氏を875票差で破り当選
12.20	上野百貨店、宇都宮地裁に自己破産申請し営業停止。翌日破産を宣告
31	世田谷一家殺人事件発生

流行語 ▶ おっはー、IT革命、Qちゃん、わたし的には、めっちゃ悔しい、「官」対「民」、十七歳
流行歌 ▶ SEASONS、恋愛レボリューション21、TSUNAMI、桜坂、地上の星、らいおんハート、Secret of my heart
書物 ▶ 「だから、あなたも生きぬいて」、「話を聞かない男、地図が読めない女」、ハリー・ポッターと賢者の石、「捨てる！」技術
映画・テレビ ▶ ホワイトアウト、アウトレイジ、雨あがる、グリーンマイル、アメリカン・ビューティー、グラディエーター、ジャンヌ・ダルク、相棒（放映開始）、ビューティフルライフ
その他 ▶ パラパラブーム、ユニクロ旋風、出会い系サイト

2001（平成13）年

1.1	21世紀はじまる
6	中央省庁再編。1府12省庁に
2.9	米ハワイ沖で、愛媛県宇和島水産高の実習生らが乗った実習船えひめ丸が、急浮上してきた米海軍の原子力潜水艦と衝突して沈没
4.14	西那須野町（現・那須塩原市）で女子大生が刺殺される

4.26	第1次小泉純一郎内閣発足
5.11	ハンセン病国家賠償訴訟で、熊本地裁は国に総額18億円の支払いを命じ原告が全面勝訴
6.8	大阪府池田市の大阪教育大学附属池田小学校に男が乱入して刃物を振り回し、児童8人が死亡、教員を含む計15人がけが（池田小児童殺傷事件）
7.11	**下都賀地区教科用図書採択協議会が「新しい歴史教科書をつくる会」主導の中学歴史教科書を選定するも国内外からの抗議があり不採択**
9.1	東京・新宿歌舞伎町の4階建て雑居ビルで火災が発生、客と従業員ら44人死亡（歌舞伎町ビル火災）
10	千葉県内の酪農場から牛海綿状脳症（狂牛病）に感染した疑いのある乳牛1頭を確認（国内初の狂牛病）
11	アメリカで同時多発テロ
10.7	米英軍がアフガニスタンへの空爆を開始
10	名古屋大学教授の野依良治がノーベル化学賞を受賞
19	**宇都宮信用金庫破たん**
12.1	皇太子夫妻に第1子誕生。7日に敬宮愛子さまと命名
流行語	抵抗勢力、明日があるさ、狂牛病、ブロードバンド、DV（ドメスティック・バイオレンス）、ショー・ザ・フラッグ
流行歌	「Can You Keep A Secret？」、PIECES OF A DREAM、波乗りジョニー、アゲハ蝶、fragile、vogue
書物	「チーズはどこへ消えた？」、金持ち父さん貧乏父さん、プラトニック・セックス、バトル・ロワイアル、ハリーポッターシリーズ
映画	千と千尋の神隠し、GO、日本の黒い夏[冤罪]、A.I.、パール・ハーバー、PLANET OF THE APES
スポーツ	マリナーズ・イチローがリーグMVPと新人王タイトル獲得など、日本人メジャーリーガーが活躍
その他	大阪ユニバーサルスタジオジャパンとディズニーシーが開業

2002（平成14）年

1.1	欧州単一通貨「ユーロ」の現金流通が独、仏など12カ国で始まる
4	「ゆとり教育」を掲げた新学習指導要領による教育がスタート
5.31	サッカーW杯初の共同開催として、日本と韓国で開催。日本代表はベスト16
6.19	鈴木宗男衆院議員があっせん収賄容疑で逮捕。この年、田中真紀子外相の辞任など外務省をめぐる問題がにぎわす
27	**宇都宮市の野沢遺跡から国内最古の柱を発掘**
7.10	**特許庁に申請していた「宇都宮餃子」が商標登録として認められる**
8.5	改定住民基本台帳法が施行。住基ネットが稼働
9.17	小泉首相が日本国首相として北朝鮮を初訪問し、平壌で金正日と会談。金総書記は日本人拉致を認め謝罪。10月に蓮池薫さんらが帰国
10.8 9	小柴昌俊がノーベル物理学賞を、化学賞を田中耕一が受賞。同じ年に日本人が2人受賞するのははじめて
25	石井紘基衆院議員（民主党）が右翼団体の代表に刺されて死亡
11.14	東京株式市場の日経平均株価がバブル後最安値の8,303円を記録
12.25	**西武百貨店宇都宮店が閉店**
流行語	タマちゃん、貸し剥がし、ムネオハウス、内部告発、ベッカム様、拉致
流行歌	traveling、ワダツミの声、小さな恋のうた、天体観測
書物	ビッグ・ファット・キャットの世界一簡単な英語の本、生き方上手、声に出して読みたい日本語、世界がもし100人の村だったら
映画	たそがれ清兵衛、阿弥陀堂だより、ハリー・ポッターと賢者の石、モンスターズ・インク、ロード・オブ・ザ・リング

2003（平成15）年

2.1	米スペースシャトル・コロンビア号が大気圏突入時に空中分解、搭乗員7名全員が死亡
6	**鹿沼市職員殺人事件で産廃収集業者ら4人を逮捕**
3.3	**足利競馬場が53年間の歴史に幕**
12	世界保健機関（WHO）が原因不明の肺炎（SARS）が中国や香港、ベトナムで集団発生していると警告
12	**佐野プレミアム・アウトレットがオープン**
20	米軍がイラクへ侵攻
23	宮崎駿監督の「千と千尋の神隠し」が米アカデミー賞長編アニメーション賞を獲得
4.1	サラリーマン本人の医療費と家族の入院費の自己負担割合が2割から3割に引き上げ
14	ヒトゲノム解読完了。遺伝暗号の配列情報のうち、読みとり可能な99％を解読
5.17	政府は自己資本不足に陥ったりそな銀行に2兆円の公的資金注入を決定
23	個人情報保護法が成立
6.6	有事法制関連3法が成立
7.21	**FKDショッピングモール宇都宮インターパーク店がオープン**
30	**福田知事が東大芦川ダムの建設中止を決断**
9.8	**黒磯市（現・那須塩原市）のブリヂストン工場で火災**
26	自由党が民主党に合流（民由合併）
30	**JR宇都宮駅前のロビンソン百貨店宇都宮店が閉店**
10.3	**第4代栃木県庁舎が建て替えのため、65年の歴史に幕**
11.9	衆院選で民主党躍進、二大政党時代へ
29	**足利銀行が破たん、国有化が決まる**
29	イラク北部を車で移動していた在英大使館参事官在イラク大使館の外交官2人が襲撃され殺害
12.1	地上デジタル放送が開始
9	政府が自衛隊をイラクへ派遣
流行語	毒まんじゅう、なんでだろ〜、マニフェスト、SARS、ビフォーアフター、年収300万円、オレオレ詐欺
流行歌	世界に一つだけの花、さくら（独唱）、虹、もらい泣き、月のしずく、上海ハニー
書物	バカの壁、「世界の中心で、愛を叫ぶ」、トリビアの泉へぇの本、解放区
映画	踊る大捜査線THE MOVIE2、壬生義士伝、座頭市、ハリー・ポッターと秘密の部屋、戦場のピアニスト、パイレーツ・オブ・カリビアン

2004（平成16）年

1.12	山口県の採卵養鶏場で鳥インフルエンザが発生。国内では79年ぶり
2.11	BSE（牛海綿状脳症）発生にともなう米国産の禁輸措置で、吉野家が牛丼の販売を停止。同業各社も相次いで販売停止
3.13	九州新幹線の新八代駅〜鹿児島中央駅間が開業
4.1	東京の帝都高速度交通営団（営団地下鉄）が民営化され、東京地下鉄株式会社（東京メトロ）に
15	イラクでの日本人人質事件で被害者解放。多くのマスメディアで「自己責任論」が展開される
5.18	**宇都宮市のマンションで発砲した組員がろう城。44時間立てこもった末、女性と組員が死亡**
8.13	アテネ五輪開催。日本は史上最高の37個のメダルを獲得

8.13 沖縄県宜野湾市の沖縄国際大の本館ビルに米軍のヘリコプターが接触し墜落、炎上
9.1 浅間山が中規模の噴火。噴火は21年ぶり
17 小山の幼児兄弟殺害で無職男を逮捕
18 プロ野球で初のスト決行
26 黒磯市(現・那須塩原市)出身の渋井陽子がベルリンマラソンで日本最高記録(当時)で優勝
10.5 宇都宮市のシンガー日鋼の跡地に、北関東最大級の複合商業施設「ベルモール」がオープン
17 南河内町(現・下野市)薬師寺の運送会社で5億円が強奪(下野・5億円強奪事件)。翌年6月末に首謀者ら逮捕
23 新潟県中越地方で震度7の地震が発生、断続的に震度6級の余震が続いた。最終的に死者68人、負傷者は4,800人を超え、翌年1月下旬から2月上旬にかけての大雪でさらに被害が出た
11.1 新札発行。千円札に野口英世、五千円札に樋口一葉。一万円札の福沢諭吉は変わらず
28 県知事に福田富一前宇都宮市長が初当選
12.26 インドネシア・スマトラ島北部西方沖でM9.1の巨大地震。死者・行方不明者22万人超
流行語 ▶ チョー気持ちいい、「気合いだー!」、サプライズ、自己責任、新規参入、負け犬
流行歌 ▶ 瞳を閉じて、Sign、Jupiter、花、桜、さくらんぼ、ハナミズキ、栄光の架け橋
書物 ▶ 蹴りたい背中、13歳のハローワーク、川島隆太教授の脳を鍛える大人の音読ドリル
映画 ▶ ハウルの動く城、半落ち、スウィングガールズ、血と骨、「世界の中心で、愛をさけぶ」、「いま、会いにゆきます」、ラストサムライ、ファインディング・ニモ
その他 ▶ 「冬のソナタ」など韓流ブーム

2005(平成17)年

3.14 宇都宮競馬が56年の歴史に幕
25 21世紀最初の博覧会「2005年日本国際博覧会」開催(愛知万博)
4.25 JR福知山線で快速電車が脱線。乗客と運転士107人が死亡
7.7 ロンドンで同時爆破事件
8.8 郵政民営化関連法案が参院本会議で否決。小泉首相が衆院を解散
10.14 宇都宮市の公共工事の発注を巡って、公取委は談合を認定、宇都宮市内の41業者を排除勧告
11.8 ラムサール条約会議で、奥日光の湿原が正式登録
18 耐震強度偽装事件が国交省の発表で発覚
12.2 今市市(現・日光市)で下校中の小1女児が連れ去られ遺体で見つかる(今市事件)
22 日本の人口が初めて減少に転じたと厚労省発表
流行語 ▶ 小泉劇場、想定内(外)、クールビズ、ブログ、萌え〜、「フォー!」、ヒルズ族
流行歌 ▶ 青春アミーゴ、さくら、恋のマイアヒ、GLAMOROUS SKY、粉雪
書物 ▶ 「頭がいい人、悪い人の話し方」、「さおだけ屋はなぜ潰れないのか?」、電車男
映画 ▶ NANA、電車男、ALWAYS三丁目の夕日、北の零年、Mr.インクレディブル

2006(平成18)年

1.23 粉飾決済等の容疑で、ライブドアの堀江貴文社長ら4人を逮捕
31 真岡工業高が春の選抜高校野球21世紀枠で初出場
2.23 トリノ五輪フィギュアスケート女子フリーで荒川静香が金メダル
3.1 宇都宮市の重度知的障害者を誤認逮捕・起訴した事件で、日弁連が検事総長に警告
20 第1回ワールド・ベースボール・クラシック(WBC)決勝戦で日本代表がキューバ代表を破り初代王者に
4.1 障害者自立支援法が施行
21 那須塩原市の那須疏水旧取水施設が近代化遺産では初の国重要文化財指定に
7.5 北朝鮮が日本海に向けてミサイルを発射。7発が日本海に着弾
9.6 秋篠宮夫妻に第3子となる親王誕生。皇室での男子誕生は41年ぶり
7 シモツケコウホネを新種登録。群落は本県のみ
10.28 宇都宮市江曽島本町の路上で集団登校中の児童7人の列に乗用車が突っ込み、直後なたで会社員の頭を切りつけ
12.30 イラクのサダム・フセイン元大統領をバグダッドで処刑
流行語 ▶ イナバウアー、品格、エロカッコイイ、格差社会、ハンカチ王子、メタボ、脳トレ、ホリエモン、「欧米か!」、もったいない、ギャルサー
流行歌 ▶ Real Face、宙船、純恋歌、ただ…逢いたくて、三日月、CHE.R.RY
書物 ▶ 国家の品格、東京タワー、人は見た目が9割
映画 ▶ ゲド戦記、LIMIT OF LOVE海猿、THE有頂天ホテル、日本沈没、デスノート、男たちの大和YAMATO、フラガール、武士の一分、ダ・ヴィンチ・コード、ナルニア国物語

2007(平成19)年

1.10 不二家が消費期限切れの牛乳を使用したとして、野木工場と全国店舗での洋菓子製造・販売を停止
14 県内初の県立中高一貫教育校として4月に開校する宇東高附中の受験実施
2.16 消えた年金記録問題
3. アメリカでサブプライムローン問題が表面化
4.17 JR長崎駅前で選挙中の長崎市長が銃撃され、翌日死亡
24 文科省が小学6年生と中学3年生を対象とした全国学力調査を43年ぶりに実施
5.20 15歳のアマチュア石川遼が男子ゴルフツアーで優勝
6.29 アップル社がiPhoneを発売(日本での販売は翌年から)。その後のスマートフォンブームの火付け役に
7.16 新潟県中越地方で震度6強の地震。柏崎刈羽原発で変圧器の火災が発生、微量の放射能を含む水が流出
29 参院選挙で民主党が初の第1党に躍進
8.16 全国的に記録的な猛暑続く。佐野で県内観測史上最高となる38.9度を記録
10.1 郵政民営化で郵便事業を日本郵政グループへ移管
11.28 東京地検、収賄容疑で守屋武昌 前防衛事務次官を逮捕
12.11 陶芸家で人間国宝の島岡達三が死去(88歳)
14 新県庁舎が完成し落成式が行われる
流行語 ▶ どげんかせんといかん、ハニカミ王子、消えた年金、そんなの関係ねぇ、どんだけぇ〜、ネットカフェ難民、食品偽装
流行歌 ▶ 千の風になって、蕾、Love so sweet、ポリリズム、おしりかじり虫
書物 ▶ 女性の品格、ホームレス中学生、鈍感力、日本人のしきたり
映画 ▶ HERO、ALWAYS続・三丁目の夕日、それでもボクはやってない、恋空、硫黄島からの手紙、トランスフォーマー
その他 ▶ 赤ちゃんポスト設置

2008（平成20）年

- 1.30 中国製ギョーザ中毒事件、千葉・兵庫で中毒者発生
- 2. **県内でもワーキングプア激増、15万人**
- 2. 7 部屋の力士を暴行死させたとして、元時津風親方と兄弟子3人を逮捕
- 19 千葉県房総半島沖で海上自衛隊のイージス艦と漁船が衝突
- 6. 8 秋葉原の歩行者天国にトラックが突っ込み、7人が死亡（秋葉原無差別殺傷事件）
- 14 岩手・宮城内陸地震（M7.2、震度6）。死者・行方不明者23人
- 7. 1 **足利銀行民営化**
- 7 洞爺湖サミット
- 17 **那須ガーデンアウトレットがオープン**
- 8.14 北京オリンピックで競泳の北島康介が2大会連続2冠
- 17 鹿沼市の市道で車が水没、女性が死亡。消防・警察出動ミス
- 19 野木町で県内初の女性首長誕生（真瀬宏子町長）
- 9.15 米リーマン・ブラザーズが経営破綻。世界同時株安に（リーマン・ショック）
- 10. 7 日本人4人がノーベル賞を受賞。益川敏英京大名誉教授、南部陽一郎米シカゴ名誉教授、小林誠高エネルギー加速器研究機構名誉教授の3人が物理学賞、下村脩米ボストン大名誉教授が化学賞
- 12. **県内の大手工場でも大量の「非正規切り」**
- 1 栃木SCのJ2昇格が決定
- 20 北関東自動車道の真岡―桜川筑西が開通。茨城と直結

流行語 ▶「グ～！」、アラフォー、居酒屋タクシー、蟹工船、ゲリラ豪雨、後期高齢者、リーマン・ショック

流行歌 ▶キセキ、truth、HANABI、Ti Amo、そばにいるね、羞恥心、手紙～拝啓十五の君へ～、吾亦紅、愛をこめて花束を

書物 ▶夢をかなえるゾウ、B型（A型・O型・AB型）自分の説明書、親の品格

映画 ▶崖の上のポニョ、おくりびと、容疑者Xの献身、20世紀少年、ザ・マジックアワー、インディ・ジョーンズ／クリスタル・スカルノ王国、ノーカントリー、レッドクリフPart I

その他 ▶iPhone日本初上陸

2009（平成21）年

- 1.20 米第44代大統領にバラク・オバマが就任。米史上初のアフリカ系大統領
- 25 **大阪国際女子マラソンで、渋井陽子（那須塩原市出身）が優勝、2位に赤羽有紀子（芳賀町）、3位に原由美子（足利市出身）が入り、本県3選手が表彰台独占**
- 3. 3 民主党代表・小沢一郎の第1公設秘書を政治資金規正法違反の疑いで逮捕
- 5. 2 **雇用危機深刻、県内有効求人倍率0.5倍割り込む**
- 21 重要刑事裁判に市民が参加する裁判員制度が施行
- 6. 4 **足利事件で菅家利和さんが逮捕から17年半ぶりに釈放**
- 17 **新型インフルエンザ騒動の中、宇都宮でも感染が確認**
- 25 米人気歌手マイケル・ジャクソン急死（50歳）
- 8. 8 渡辺喜美衆院議員が新党「みんなの党」結成
- 30 衆院選で民主党が圧勝。政権交代が実現
- 10.26 **高根沢町のキリンビール栃木工場が2010年10月の閉鎖を発表**
- 11. 4 米メジャーリーグのヤンキースがワールドシリーズ優勝、松井秀喜が日本人初のMVPに

流行語 ▶政権交代、こども店長、事業仕分け、草食男子、派遣切り、歴女、ファストファッション、新型インフルエンザ

流行歌 ▶Believe、Btterfly、明日がくるなら、また君に恋してる、愛のままで…

書物 ▶1Q84、読めそうで読めないまちがいやすい漢字、日本人の知らない日本語

映画 ▶ROOKIES－卒業―、ごくせんTHE MOVIE、沈まぬ太陽、サマーウォーズ、余命一ヶ月の花嫁、スラムドッグ＄ミリオネア、マイケルジャクソンTHIS IS IT、天使と悪魔

その他 ▶婚活ブーム

2010（平成22）年

- 1.12 中米・ハイチでM7.0の大地震。30万人以上が死亡
- 2. 8 **宇都宮出身の作家・立松和平が死去（62歳）**
- 3.26 **足利事件で宇都宮地裁が無罪の判決**
- 4.17 **バスケットボール男子日本リーグで初優勝したリンク栃木ブレックスが宇都宮市内で祝賀パレード**
- 20 宮崎県で牛が口蹄疫に感染していることを確認
- 6. サッカーW杯南アフリカ大会で、日本代表はベスト16
- 13 小惑星探査機「はやぶさ」が7年の旅を終え、地球に帰還
- 9. 7 尖閣諸島周辺で中国漁船と海上保安庁の巡視船2隻と衝突。中国漁船船長を逮捕
- 9.21 郵便不正事件の担当で大阪地検特捜部主任検事がフロッピーディスクを改ざんしたとして、証拠隠滅の疑いで逮捕
- 10. 6 鈴木章北大名誉教授、根岸英一米パデュー大特別教授にノーベル化学賞
- 13 南米・チリの鉱山落盤事故で、坑内に取り残された作業員33人が69日ぶりに救出
- 11.16 **結城紬（小山市、茨城県結城市）がユネスコ無形文化遺産に登録**
- 12. 全国の児童養護施設へ、漫画タイガーマスクの主人公「伊達直人」を名乗り、ランドセルなどの寄贈が相次ぐ

流行語 ▶ゲゲゲの～、イクメン、女子会、～なう、無縁社会、食べるラー油、女子会、いい質問ですねぇ

流行歌 ▶ヘビーローテーション、ミスター、「行くぜっ！怪盗少女」、「会いたくて 会いたくて」、トイレの神様

書物 ▶もし高校野球の女子マネージャーがドラッカーの『マネジメント』を読んだら、巻くだけダイエット、体脂肪計タニタの社員食堂、これからの「正義」の話をしよう

映画 ▶借りぐらしのアリエッティ、告白、悪人、のだめカンタービレ、SP、十三人の刺客、アバター、アリス・イン・ワンダーランド

その他 ▶AKB48ブーム

2011（平成23）年

- 1. チュニジア「ジャスミン革命」を皮切りにアラブ諸国で民主化運動「アラブの春」が広がる
- 23 **都道府県対抗男子駅伝で栃木県が県過去最高タイムで初優勝。関東以北では初**
- 2. 2 ニュージーランド南島のクライストチャーチ付近でM6.3の地震。日本人28人を含む115人が死亡
- 6 日本相撲協会は八百長問題で3月の春場所を中止すると発表
- 3.11 **東日本大震災が発生。県内では震度6強を記録し被害甚大**
- 15 **東日本大震災に伴う計画停電が県内で初めて実施**

3.15	東京電力福島第一原子力発電所事故で高濃度の放射性物質が飛散。県内も被害
21	県産のホウレンソウとカキナが放射性物質飛散で出荷停止
4.18	鹿沼市の国道で登校中の児童の列にクレーン車が突っ込み、児童6人が死亡
5. 1	米軍が国際テロ組織アルカイダの指導者オサマ・ビンラディンをパキスタンで殺害
7.17	サッカー女子W杯ドイツ大会で「なでしこジャパン」が初優勝。本県出身の安藤梢、鮫島彩両選手も活躍。チームは8月に国民栄誉賞を受賞
24	地上波テレビからデジタル放送（地デジ）に完全移行
8. 9	和牛オーナー制度が行き詰まり、安愚楽牧場が経営破綻
11. 5	全国スポーツ・レクリエーション祭「スポレクエコとちぎ2011」開催（〜8日）

流行語▶絆、スマホ、どや顔、風評被害、ラブ注入、帰宅難民
流行歌▶フライングゲット、つけまつける、MR.TAXI、Born This Way、Rising Sun、マル・マル・モリ・モリ！
書物▶謎解きはディナーのあとで、「心を整える。」、人生がときめく片づけの魔法
映画・テレビ▶コクリコ坂から、素敵な金縛り、八日目の蝉、ノルウェイの森、ブラック・スワン、英国王のスピーチ、ソーシャル・ネットワーク、家政婦のミタ

2012（平成24）年

2.24	AIJ投資顧問による企業年金資産消失問題で金融庁が業務停止命令
5. 5	北海道電力泊発電所が運転停止。42年ぶりに日本のすべての原子力発電所が稼働停止
6	県東部で竜巻被害。914棟損壊で過去最大級
5.11	家電量販業界7位のコジマが業界5位のビックカメラの傘下に入ることを表明
22	東京都墨田区に東京スカイツリーが開業。栃木県アンテナショップ「とちまるショップ」も開店
7.28	ロンドン五輪競泳男子400m個人メドレーで萩野公介（小山市出身）が銅メダル
29	ロンドン五輪男子柔道66キロ級で海老沼匡（小山市出身）が銅メダル
8. 6	足利の中3生が作業をしていた工事現場で壁の下敷きになり死亡
9.11	県産イチゴの新品種の名称が「スカイベリー」に決定
10. 8	山中伸弥京大教授にノーベル医学生理学賞
12. 9	足利市の八雲神社が全焼
16	衆院選で自民が大勝、自民・公明の連立政権が3年ぶりに復活

流行語▶ワイルドだろぉ、iPS細胞、維新、LCC、第三極、終活、爆弾低気圧
流行歌▶ヒカリへ、家族になろうよ、やさしくなりたい
書物▶聞く力、置かれた場所で咲きなさい、舟を編む
映画▶テルマエ・ロマエ、のぼうの城、あなたへ、アルゴ、アベンジャーズ

2013（平成25）年

1.	第2次安倍政権、デフレ脱却、円高を是正して経済成長させると宣言（アベノミクス）
20	「100歳の詩人」として親しまれた柴田トヨさんが101歳で死去
2.12	米領グアム・タモン地区で起きた無差別殺傷事件で、栃木市の女性2名が刺殺
3.15	政府は環太平洋経済連携協定（TPP）への交渉参加を正式に表明
4.	公職選挙法改正。インターネットを利用した選挙運動が可能に
5.17	足利鑁阿寺が国宝指定へ
6.22	富士山がユネスコ世界文化遺産に登録
7.24	栃木県での2022年の国体開催が事実上内定
9. 7	2020夏季五輪・パラリンピックの開催地が東京に決定
10. 4	那珂川町・小砂地区が県内初の「日本で最も美しい村」への加盟が認められる
11.24	ご当地キャラの人気投票「ゆるキャラグランプリ」で、佐野市の「さのまる」が優勝。全国1,580体の頂点に
12.	「和食」がユネスコ無形文化遺産に登録
5	特定秘密の保護に関する法律（特定秘密保護法）成立
19	足利銀行再上場。経営破綻から10年ぶりに株式市場に復帰

流行語▶「今でしょ！」、お・も・て・な・し、じぇじぇじぇ、倍返し、アベノミクス、ご当地キャラ、ブラック企業、ヘイトスピーチ
流行歌▶恋するフォーチュンクッキー、女々しくて
書物▶「色彩を持たない多崎つくると、彼の巡礼の年」、海賊とよばれた男、ロスジェネの逆襲、スタンフォードの自分を変える教室
映画・ドラマ▶風立ちぬ、そして父になる、清須会議、レ・ミゼラブル、ワールド・ウォーZ、半沢直樹

2014（平成26）年

1.31	2013年総務省家計調査のギョーザ購入額で宇都宮が浜松市を上回り、3年ぶりに日本一
2.16	県内で大雪。宇都宮で積雪32センチ、観測史上最多を更新
14	ソチ冬季五輪で、フィギュアスケート男子の羽生結弦が金メダル
25	仮想通貨「ビットコイン」大手取引所の「Mt.Gox」が取引停止、民事再生法の適用申請・受理
3.18	ロシア、ウクライナ南部クリミアを編入すると宣言
27	袴田事件で再審決定、袴田巌さんが48年ぶりに釈放
4. 1	消費税8%スタート
5	岩舟町が栃木市に編入。「平成の大合併」は一区切りとなり、49市町村が25市町に
7	8億円借り入れ問題でみんなの党の渡辺喜美元代表が引責辞任（11月に解党）
9	STAP細胞問題で、理化学研究所の小保方晴子ユニットリーダーが記者会見
16	韓国で、旅客船セウォル号が沈没。修学旅行中の高校生ら304人死亡
5.19	遠隔操作ウィルス事件で一度は保釈された被告から弁護団に連絡、事件への関与をすべて認める
21	天皇、皇后両陛下が私的旅行として来県。渡良瀬遊水地など、足尾鉱毒事件ゆかりの地を視察
6. 3	今市事件で、殺人容疑で容疑者を逮捕
25	「富岡製糸場と絹産業遺産群」（群馬県）がユネスコ世界遺産に登録
7.30	放射性物質を含む指定廃棄物最終処分場候補地選定で、環境省は塩谷町上寺島の国有地を選定するも、町側は「明確に反対」
8.26	柔道世界選手権で海老沼匡選手が世界柔道3連覇達成
9. 6	テニスの全米オープン男子シングルスで錦織圭が準優勝
27	長野、岐阜両県境の御嶽山が噴火。死者58名、行方不明者5名
10. 4	「ねんりんピック栃木2014」が開幕、41万人が参加（7日まで）

141

2014（平成26）年（続き）

- 10.7 赤崎勇名城大終身教授、天野浩名古屋大教授、米カリフォルニア大サンタバーバラ校の中村修二教授の3人にノーベル物理学賞
- 10 女子教育の権利を求める運動を続けるパキスタンの17歳マララ・ユスフザイさんにノーベル平和賞
- 11.6 イチゴ「スカイベリー」の本格出荷始まる

流行語 ▶ダメな〜ダメダメ、集団的自衛権、ありのままで、カープ女子、壁ドン、危険ドラッグ、マタハラ、妖怪ウォッチ、レジェンド

流行歌 ▶レット・イット・ゴー、ようかい体操、R.Y.U.S.E.I

書物 ▶長生きしたけりゃふくらはぎをもみなさい、村上海賊の娘、学年ビリのギャルが1年で偏差値を40上げて慶応大学に現役合格した話

映画・テレビ ▶永遠の0、「STAND BY MEドラえもん」、るろうに剣心、アナと雪の女王、ゼロ・グラビティ

2015（平成27）年

- 1.7 フランス・パリでシャルリー・エブド襲撃事件
- 2.1 「イスラム国」による日本人拘束事件でジャーナリストの後藤健二氏が殺害
- 2 指定廃棄物処分場候補地の塩谷町で、現地確認に入ろうとした環境省職員を住民約300人が阻止
- 23 西川公也農林水産大臣、献金問題の責任を取り辞任
- 3.13 東洋ゴム工業による免震ゴムの性能データ改ざん発覚
- 14 北陸新幹線、長野駅―金沢駅間の営業運転開始
- 14 JR東日本の上野東京ライン開業。宇都宮線、高崎線と東海道本線の相互直通開始
- 4.22 首相官邸屋上にて墜落したドローンが発見される
- 24 足利市の史跡足利学校が「近世日本の教育遺産群」の1つとして日本遺産に選ばれる
- 5.6 箱根山の火口周辺警報を発表。立ち入り規制を実施
- 17 日光東照宮で400年式年大祭はじまる
- 29 鹿児島県の口永良部島新岳で爆発的噴火
- 6.17 選挙権年齢を18歳に引き上げる改正公職選挙法が成立、翌年6月施行
- 7.20 アメリカとキューバが54年ぶりに正式に国交回復
- 8.11 九州電力・川内原子力発電所1号機が再稼働
- 14 安倍首相「戦後70年談話」を発表
- 9.1 東京五輪・パラリンピックのエンブレムの使用中止を決定
- 10 本県初の大雨特別警報が発令。鬼怒川などの河川が決壊。9万人以上に避難指示・勧告
- 19 安全保障関連法案が成立
- 21 ラグビーW杯で日本が南アフリカを破る大金星
- 10. 「マイナンバー」が順次通知される
- 2 真中満監督（大田原市出身）率いる東京ヤクルトスワローズがプロ野球セリーグを14年ぶりに制覇
- 13 沖縄県の翁長雄志知事が米軍基地の名護市辺野古沿岸部埋め立て承認取り消しを正式決定
- 28 体操世界選手権で男子団体が37年ぶりに金メダル
- 11.13 フランス・パリで同時多発テロ

流行語 ▶爆買い、トリプルスリー、「安心してください、はいてますよ」、五郎丸、SEALDs、ドローン

流行歌 ▶Dragon Night、海の声

書物 ▶火花、フランス人は10着しか服を持たない、家族という病、鹿の王、嫌われる勇気

映画 ▶バケモノの子、映画ビリギャル、進撃の巨人、海街diary、日本のいちばん長い日、ジュラシック・ワールド、ミニオンズ、マッドマックス怒りのデス・ロード

2016（平成28）年

- 1.29 日銀が初のマイナス金利導入
- 4.9 今市事件で殺人罪などに問われた被告に宇都宮地裁が無期懲役判決
- 14
- 16 熊本県で2度の震度7の地震発生
- 5.27 オバマ米大統領が現職大統領として初の広島訪問
- 6.23 イギリス国民投票でEU離脱決定
- 7.10 参院選で与党勝利、改憲勢力3分の2超
- 26 相模原市の知的障害者施設で元職員が19人刺殺
- 8.8 天皇陛下が退位のお気持ち表明
- 8 リオ五輪競泳で萩野公介選手（小山市出身）が金。日本勢過去最多41個のメダル
- 22 作新学院が夏の甲子園で54年ぶり全国制覇。エース今井達也がドラフトで西武に1位指名
- 10.1 藤井聡太が14歳2か月で史上最年少プロ棋士に。最年少棋士記録を62年ぶりに更新
- 2 足利ホールディングス（足利銀行）と常陽銀行経営統合、めぶきホールディングス発足
- 13 米シンガー、ボブ・ディラン氏にノーベル文学賞
- 14 宇都宮城址公園などで連続爆発。元自衛官の男が爆発物で自殺し3人重軽傷
- 29 作曲家船村徹に文化勲章
- 11.9 米大統領に共和党のトランプ当選
- 23 サッカーJ2の栃木SCが最終節で敗れ最下位とJ3降格が決定

流行語 ▶神ってる、聖地巡礼、トランプ現象、ポケモンGO、PPAP、ゲス不倫

流行歌 ▶恋、サイレントマジョリティー、私以外私じゃないの

書物 ▶天才、君の膵臓をたべたい、羊と鋼の森、コンビニ人間

映画 ▶「君の名は。」、シン・ゴジラ、64、この世界の片隅に、スポットライト世紀のスクープ、「スター・ウォーズフォースの覚醒」、オデッセイ、007スペクター

その他 ▶アイドルグループSMAP解散

2017（平成29）年

- 2.13 北朝鮮の金正恩朝鮮労働党委員長の異母兄、金正男がマレーシアの空港で殺害
- 18 作曲家の船村徹死去（84歳）
- 3. 韓国の朴槿恵大統領が親友を国政に介入させたとして罷免、逮捕。5月に文在寅大統領が当選
- 10 日光東照宮陽明門（国宝）が40年ぶりの大修理を終え一般公開
- 27 那須町で登山講習会中の大田原高生徒7人と教員1人が雪崩で死亡
- 4.8 栃木ゴールデンブレーブスがBCリーグ（プロ野球独立リーグ）に加盟、開幕
- 5.26 男子プロバスケットボールBリーグで栃木ブレックスが初代王者に
- 6.15 改正組織的犯罪処罰法、「共謀罪」法が成立、7月施行
- 10.22 衆院選で自民大勝、立憲民主党は躍進、希望の党は失速
- 11.17 技能五輪全国大会・全国アビリンピックが本県初開催（19日まで）
- 29 大相撲・横綱日馬富士が暴行問題で現役引退
- 12.1 天皇陛下の退位日を平成31年（2019）4月30日に決定。5月1日に新天皇の即位・改元。天皇退位は光格天皇以来約200年ぶり
- 12.4 サッカーJ3の栃木SCが3季ぶりのJ2復帰を決める

流行語 ▶インスタ映え、忖度、35億、ひふみん、フェイクニュース、プレミアムフライデー、○○ファースト

流行歌 ▶インフルエンサー、打上花火

書物	「九十歳。何がめでたい」、蜂蜜と遠雷、うんこ漢字ドリル、騎士団長殺し
映画	銀魂、君の膵臓をたべたい、関ケ原、三度目の殺人、美女と野獣、ラ・ラ・ランド、ダンケルク、ハクソー・リッジ、ムーンライト
スポーツ	陸上男子100メートルで桐生祥秀が9秒98、日本人初の10秒突破

2018（平成30）年

この年、財務省の公文書改ざんなど森友・加計問題で国会紛糾続く

- 1.16 **門井慶喜氏に直木賞、本県出身作家で24年ぶり**
- 2.17 平昌五輪男子フィギュアで羽生結弦選手が2大会連続金メダル。日本勢過去最多の13個のメダル獲得
- 3.4 **長谷部浩平がプロ棋士に。本県出身で戦後初**
- 4.1 **JR両毛線に新駅「足利フラワーパーク駅」開業**
- 27 11年ぶりに南北首脳会談。「板門店宣言」合意
- 5.7 民進と希望合併、「国民民主党」
- 20 是枝監督「万引き家族」がカンヌ映画祭で最高賞受賞、日本人監督21年ぶり
- 6.4 **宇都宮市の次世代型路面電車（LRT）事業の軌道整備工事始まる。開業は2022年**
- 12 トランプ米大統領と北朝鮮金正恩朝鮮労働党委員長がシンガポールで史上初の米朝首脳会談
- 28〜7.8 西日本を中心に記録的な大雨が続き、河川の氾濫などで死者数が200人を超える（平成30年7月豪雨）
- 7.3 サッカーW杯ロシア大会、日本代表は決勝T1回戦でベルギーに2−3で惜敗
- 7. オウム真理教による一連の事件で、麻原彰晃（本名松本智津夫）ら死刑囚13人全員の刑が執行
- 7.〜8. 埼玉県熊谷市で観測史上最高気温41.1度を記録するなど記録的な猛暑続く
- 8.3 **今市事件で東京高裁が被告に無期懲役判決、地裁の無期懲役判決を「違法」として破棄も高裁判決として無期懲役を決定**
- 9.6 北海道で震度7地震、41人が死亡、道内ほぼ全てで停電
- 8 大坂なおみが全米オープンテニスで初優勝、日本人男女通じて初の快挙
- 25 LGBT表現巡り、雑誌「新潮45」が実質廃刊を発表
- 10.1 京大・本庶佑特別教授がノーベル医学生理学賞を受賞
- 6 東京・築地市場が83年の歴史に幕。10月11日から豊洲市場での営業開始
- 12 東京医科大の女性差別入試を受け、文科省が調査。複数大学の医学部で不適切入試があったとの見解示す
- 24 シリアで拘束されていたジャーナリストの安田純平さんが解放
- 11.3 2025年万博会場に大阪が決定。55年ぶりの大阪万博
- 19 東京地検、日産自動車のカルロス・ゴーン会長を逮捕
- 29 ユネスコ無形文化遺産に8県10行事からなる「来訪神 仮面・仮装の神々」を登録。ナマハゲなど
- 12.8 改正出入国管理・難民認定法（入管難民法）成立。介護や農業など14業種で外国人材の受け入れ拡大へ
- 26 日本が国際捕鯨委員会（IWC）を脱退

流行語	そだねー、半端ないって、おっさんずラブ、＃MeToo、ボーっと生きてんじゃねーよ！
流行歌	U.S.A、Lemon、Hero、シンデレラガール、今夜このまま
書物	君たちはどう生きるか、大家さんと僕、おもしろい！進化のふしぎ「ざんねんないきもの事典」、下町ロケット、おしりたんてい
映画	「コードブルー ドクターヘリ緊急救命」、万引き家族、「カメラを止めるな！」、ちはやふる 結び、ボヘミアン・ラプソディ、グレイテスト・ショーマン、スリー・ビルボード、ペンタゴン・ペーパーズ

2019（平成31／　　元）年

流行語 ▶

流行歌 ▶

書物 ▶

映画 ▶

その他 ▶

西暦和暦干支早見表

西暦	和暦	十二支	干支
1926年	大正15年 昭和 元年	寅	丙寅
1927年	昭和 2年	卯	丁卯
1928年	昭和 3年	辰	戊辰
1929年	昭和 4年	巳	己巳
1930年	昭和 5年	午	庚午
1931年	昭和 6年	未	辛未
1932年	昭和 7年	申	壬申
1933年	昭和 8年	酉	癸酉
1934年	昭和 9年	戌	甲戌
1935年	昭和10年	亥	乙亥
1936年	昭和11年	子	丙子
1937年	昭和12年	丑	丁丑
1938年	昭和13年	寅	戊寅
1939年	昭和14年	卯	己卯
1940年	昭和15年	辰	庚辰
1941年	昭和16年	巳	辛巳
1942年	昭和17年	午	壬午
1943年	昭和18年	未	癸未
1944年	昭和19年	申	甲申
1945年	昭和20年	酉	乙酉
1946年	昭和21年	戌	丙戌
1947年	昭和22年	亥	丁亥
1948年	昭和23年	子	戊子
1949年	昭和24年	丑	己丑
1950年	昭和25年	寅	庚寅
1951年	昭和26年	卯	辛卯
1952年	昭和27年	辰	壬辰
1953年	昭和28年	巳	癸巳
1954年	昭和29年	午	甲午
1955年	昭和30年	未	乙未
1956年	昭和31年	申	丙申
1957年	昭和32年	酉	丁酉
1958年	昭和33年	戌	戊戌
1959年	昭和34年	亥	己亥
1960年	昭和35年	子	庚子
1961年	昭和36年	丑	辛丑
1962年	昭和37年	寅	壬寅
1963年	昭和38年	卯	癸卯
1964年	昭和39年	辰	甲辰
1965年	昭和40年	巳	乙巳
1966年	昭和41年	午	丙午
1967年	昭和42年	未	丁未
1968年	昭和43年	申	戊申
1969年	昭和44年	酉	己酉
1970年	昭和45年	戌	庚戌
1971年	昭和46年	亥	辛亥
1972年	昭和47年	子	壬子
1973年	昭和48年	丑	癸丑
1974年	昭和49年	寅	甲寅
1975年	昭和50年	卯	乙卯
1976年	昭和51年	辰	丙辰
1977年	昭和52年	巳	丁巳
1978年	昭和53年	午	戊午
1979年	昭和54年	未	己未
1980年	昭和55年	申	庚申
1981年	昭和56年	酉	辛酉
1982年	昭和57年	戌	壬戌
1983年	昭和58年	亥	癸亥
1984年	昭和59年	子	甲子
1985年	昭和60年	丑	乙丑
1986年	昭和61年	寅	丙寅
1987年	昭和62年	卯	丁卯
1988年	昭和63年	辰	戊辰
1989年	昭和64年 平成 元年	巳	己巳
1990年	平成 2年	午	庚午
1991年	平成 3年	未	辛未
1992年	平成 4年	申	壬申
1993年	平成 5年	酉	癸酉
1994年	平成 6年	戌	甲戌
1995年	平成 7年	亥	乙亥
1996年	平成 8年	子	丙子
1997年	平成 9年	丑	丁丑
1998年	平成10年	寅	戊寅
1999年	平成11年	卯	己卯
2000年	平成12年	辰	庚辰
2001年	平成13年	巳	辛巳
2002年	平成14年	午	壬午
2003年	平成15年	未	癸未
2004年	平成16年	申	甲申
2005年	平成17年	酉	乙酉
2006年	平成18年	戌	丙戌
2007年	平成19年	亥	丁亥
2008年	平成20年	子	戊子
2009年	平成21年	丑	己丑
2010年	平成22年	寅	庚寅
2011年	平成23年	卯	辛卯
2012年	平成24年	辰	壬辰
2013年	平成25年	巳	癸巳
2014年	平成26年	午	甲午
2015年	平成27年	未	乙未
2016年	平成28年	申	丙申
2017年	平成29年	酉	丁酉
2018年	平成30年	戌	戊戌
2019年	平成31年 元年	亥	己亥

栃木県内市町村合併史

昭和の大合併前	昭和の大合併（昭和29年～昭和37年）により誕生した49市町村	平成の大合併（平成17年～平成26年）により誕生した25市町
宇都宮市 平石村／清原村／横川村／瑞穂野村／城山村／国本村／富屋村／豊郷村／篠井村（宇都宮市と今市市に分割編入）／姿川村／雀宮町	宇都宮市	宇都宮市 【平成19年3月合併】
古里村	河内町 昭和41年町制施行	
田原村		
羽黒村	上河内町 平成6年町制施行	
絹島村		
足利市 三重村／山前村／北郷村 名草村／富田村 小俣町（合併後、坂西町） 葉鹿町（合併後、坂西町） 三和町（合併後、坂西町） 御厨町 梁田村（御厨町に編入） 久野村（御厨町に編入） 筑波村（御厨町に編入）	足利市	足利市
菱村	昭和34年に群馬県桐生市に越境編入	
小山町／大谷村 豊田村（合併後、美田村） 穂積村（合併後、美田村） 中村（合併後、美田村） 間々田町 生井村（間々田町に編入） 寒川村（間々田町に編入） 桑村（合併後、桑絹町） 絹村（合併後、桑絹町）	小山市	小山市
佐野市 吾妻村／赤見町	佐野市	佐野市 【平成17年2月合併】
田沼町／三好村／野上村 飛駒村／新合村	田沼町	
葛生町／常盤村／氷室村	葛生町	
栃木市 大宮村／皆川村／吹上村 寺尾村／国府村	栃木市	栃木市 【平成22年10月に栃木市、大平町、藤岡町、都賀町が合併】【平成23年10月西方町が栃木市に編入合併】【平成26年4月に岩舟町が栃木市に編入合併】
瑞穂村／水代村／富山村	大平町	
赤津村／家中村	都賀町	
藤岡町 部屋村／赤麻村／三鴨村	藤岡町	
西方村／真名子村	西方町 平成6年町制施行	
岩舟村／小野寺村／静和村	岩舟町	
鹿沼市 東大芦村／菊沢村／板荷村／北押原村／西大芦村 加蘇村／北犬飼村／南摩村／南押原村	鹿沼市	鹿沼市 【平成18年1月合併】
粟野町 粕尾村／永野村／清洲村	粟野町	
日光市／小来川村	日光市	日光市 【平成18年3月合併】
今市町／落合村／豊岡村／篠井村（宇都宮市と今市市に分割編入）／大沢村	今市市	
足尾町	足尾町	
藤原町／三依村	藤原町	
栗山村	栗山村	

昭和の大合併前	昭和の大合併（昭和29年～昭和37年）により誕生した49市町村	平成の大合併（平成17年～平成26年）により誕生した25市町
黒磯町／鍋掛村 東那須野村／高林村	黒磯市 昭和45年市制施行	那須塩原市 【平成17年1月合併】
西那須野村／狩野村	西那須野町	
塩原町／箒根村	塩原町	
大田原町／親園村／金田村 野崎村（大田原市と矢板町に分割編入）／佐久山町	大田原市	大田原市 【平成17年10月合併】
黒羽町／川西村 須賀川村／両郷村	黒羽町	
湯津上村	湯津上村	
真岡町 大内村／中村／山前村 久下田町／長沼村 物部村	真岡市 二宮町	真岡市 【平成21年3月合併】
石橋町／姿村	石橋町	下野市 【平成18年1月合併】
国分寺村	国分寺町 昭和29年町制施行	
吉田村／薬師寺村	南河内町 昭和46年町制施行	
氏家町／熟田村（氏家町と北高根沢村に分割編入）	氏家町	さくら市 【平成17年3月合併】
喜連川町／上江川町	喜連川町	
矢板町／野崎村（大田原市と矢板町に分割編入）／泉村／片岡村	矢板市 昭和33年市制施行	矢板市
下江川村／荒川村	南那須町 昭和46年町制施行	那須烏山市 【平成17年10月合併】
烏山町／境村 向田村／七合村	烏山町	
上三川町 本郷村／明治村	上三川町	上三川町
益子町 田野村／七井村	益子町	益子町
祖母井町 南高根沢村／水橋村	芳賀町	芳賀町
茂木町 逆川村／中川村／須藤村	茂木町	茂木町
市羽村／小貝村	市貝町 昭和47年町制施行	市貝町
壬生町 稲葉村／南犬飼村	壬生町	壬生町
野木村	野木町 昭和38年町制施行	野木町
那須村／芦野町 伊王野村	那須町	那須町
馬頭町／武茂村 大内村／大山田村	馬頭町	那珂川町 【平成17年10月合併】
小川町	小川町	
船生村／玉生村／大宮村	塩谷町	塩谷町
阿久津町／北高根沢村 熟田村（氏家町と北高根沢村に分割編入）	高根沢町	高根沢町

栃木県の市町村数の推移

	明治22.6 （町村制施行時）	昭和28.11.1 （昭和合併前）	平成16.4.1 （平成合併前）	平成26.4.1 （平成合併後、現在）
市	0	5	12	14
町	26	38	35	11
村	145	127	2	0
計	171	170	49	25

145

栃木県内小学校 統廃合一覧

※カッコ内は統廃合の年〈平成31年1月1日現在〉

宇都宮市
- 中央小針ヶ谷分校（昭和44年）
- 上河内村立中里小、今里小（昭和42年2校が統合し「上河内村立西小（現・上河内西小）」）
- 上河内村立小倉小芦沼分校（昭和47年）
- 上河内町立東小上小倉分校（平成10年）
- 上河内町立北小（平成13年上河内西小へ統合）
- 河内町立田原小南分校（昭和45年）

足利市
- 名草小足松分校（昭和57年）
- 北郷小月谷分校（平成8年）
- 小俣第二小（平成9年小俣小へ統合）
- 松田小、三和小（平成12年2校が統合し「坂西北小」）
- 東小（平成12年一部が柳原小と統合し「けやき小」、一部が千歳小と統合し「桜小」）
- 柳原小（平成12年東小の一部と統合し「けやき小」）
- 千歳小（平成12年東小の一部と統合し「桜小」）
- 大橋小（平成12年相生小の一部と統合し「青葉小」）
- 助戸小（平成12年相生小の一部と統合し「東山小」）
- 相生小（平成12年一部が大橋小と統合し「青葉小」、一部が助戸小と統合し「東山小」）
- 西小（平成13年けやき小、三重小へ分割統合）
- 毛野小大久保分校（平成16年）

栃木市
- 寺尾中央小星野分校（昭和40年）
- 皆川小、泉川小（昭和52年2校が統合し「皆川城東小」）
- 寺尾北小（平成5年寺尾中央小へ統合）
- 栃木第一小、栃木第二小（平成22年2校が統合し栃木中央小）
- 寺尾中央小、寺尾南小（平成26年2校が統合し寺尾小）
- 都賀町立富張小、木村小（昭和55年2校が統合し「赤津小」）
- 都賀町立大柿小（昭和55年赤津小大柿分校となり、昭和58年廃校）
- 西方村立西方小金崎分校（昭和41年）

佐野市
- 野上小（平成25年三好小へ統合）
- 船津川小（平成29年植野小へ統合）
- 葛生町立水木小、秋山小（昭和55年2校が統合し「氷室小」）
- 葛生町立会沢小（平成16年葛生小へ統合）
- 田沼町立長谷場小、作原小（昭和59年2校が統合し「野上小」）

鹿沼市
- 石裂小（昭和39年久我小へ統合）
- 日向小、酒野谷小、下沢小、引田小（昭和46年4校が統合し「東大芦小」。昭和51年「西小」に校名変更）
- 西大芦東小、西大芦西小（昭和48年2校が統合し「西大芦小」）
- 梶又小（平成16年）
- 西大芦小（平成30年西小へ統合）
- 粟野町立粕尾第一小、第二小（昭和40年2校が統合し「粕尾小」）
- 粟野町立永野第一小、永野第二小（昭和47年2校が統合し「永野小」）
- 粟野町立粟野第三小（平成4年粟野第二小へ統合）
- 粟野第二小（平成23年粟野第一小へ統合。平成27年「粟野小」に校名変更）
- 上粕尾小（平成29年粟野小へ統合）

日光市
- 小来川小滝ヶ原分校（昭和38年）
- 山久保小（昭和48年）
- 川治小（平成22年鬼怒川小へ統合）
- 川俣小（平成22年栗山小へ統合）
- 今市市立小百小小休戸分教場（昭和23年）
- 今市市立瀬尾小（昭和33年今市小分校〈現・今市第二小〉開校に伴い廃校）
- 今市市立吉沢小（昭和48年今市第三小開校に伴い廃校）
- 足尾町立小滝小（昭和30年原小小滝分校、昭和31年廃校）
- 足尾町立足尾小横根山分校（昭和49年）
- 足尾町立神子内小（昭和59年足尾小へ統合）
- 足尾町立原小（平成8年足尾小へ統合）
- 足尾町立本山小（平成17年足尾小へ統合）
- 栗山村立栗山小若間分校（昭和41年）
- 栗山村立栗山小上栗山分校（昭和41年）
- 栗山村立栗山小野門分校（昭和41年）
- 栗山村立栗山小川俣温泉分校（昭和40年）
- 栗山村立栗山小土呂部分校（昭和49年）
- 栗山村立西川小（平成15年）
- 栗山村立日向小（平成17年年栗山小へ統合）
- 藤原町立三依小五十里分校（昭和36年川治小へ統合）
- 藤原町立三依小上三依分校（昭和41年）
- 藤原町立横川小（平成元年）

小山市
- 福良小、梁小、延島小（平成29年3校と絹中が統合し「絹義務教育学校」）
- 美田村立穂積小間中分校（昭和33年）

真岡市
- 山前小東大島分校、山前小南高岡分校（昭和56年2分校が分離・統合し「山前南小」）
- 山前南小、東沼小（平成30年山前小へ統合）
- 中村東小、中村南小（平成30年中村小へ統合）
- 二宮町立長沼北小、長沼南小（平成20年2校が統合し「長沼小」）
- 二宮町立物部小高田分校（平成20年）

大田原市
- 佐久山小藤沢分校（昭和42年）
- 須佐木小（平成18年須賀川小へ統合）
- 黒羽小、片田小（平成25年2校が統合し「黒羽小」）
- 蜂巣小、寒井小（平成25年2校と川西小が統合し「川西小」）
- 黒羽町立両郷西小（昭和46年黒羽小へ統合）
- 黒羽町立両郷東小（昭和52年両郷中央小へ統合）
- 黒羽町立北野上小（昭和58年黒羽小へ統合）
- 黒羽町立川上小（平成10年年須佐木小へ統合）

矢板市
- 土屋小（昭和31年日新小に改称）
- 新高原小（昭和50年）
- 泉小山田分校（昭和50年東小として独立）
- 長井小、上伊佐野小、日新小（平成21年泉小へ統合）
- 矢板町立矢板小片俣分教場（昭和24年矢板町立片俣小として独立、昭和47年矢板市立西小に校名変更）

那須塩原市
- 上塩原小（平成17年塩原小へ統合）
- 穴沢小、戸田小（平成26年高林小へ統合）
- 寺子小（平成27年鍋掛小へ統合）
- 金沢小（平成28年関谷小へ統合）
- 塩原小（平成29年塩原中と統合し「塩原小中学校」）
- 黒磯市立鳥野目小（昭和46年黒磯小の一部と統合し「稲村小」）
- 黒磯市立穴沢小板室分校（昭和47年）
- 黒磯市立鴫内小（平成14年高林小へ統合）
- 塩原町立関谷小遅野沢分校（昭和34年）

さくら市
- 鷲宿小、河戸小、金鹿小、穂積小（平成22年4校と喜連川小が統合し「喜連川小」）
- 氏家町立上阿久津小（昭和53年さくら南小開校に伴い閉校）
- 喜連川町立喜連川小早乙女分校（昭和38年）
- 喜連川町立喜連川小葛城分校（昭和41年）

那須烏山市
- 野上小、向田小（平成19年烏山小へ統合）
- 東小（平成20年境小へ統合）
- 興野小（平成21年七合小へ統合）
- 烏山町立白久小（昭和35年）
- 烏山町立大沢小（昭和42年烏山小大沢分校となり、45年廃校）
- 烏山町立神長小（昭和46年烏山小へ統合）
- 烏山町立大桶小、中山小、滝田小（昭和47年3校が統合し「七合小」）
- 烏山町立大木須小、小木須小（平成2年2校が統合し「東小」）
- 南那須町立八ヶ代小、曲畑小、鴻野山小、森田小（1974年統合により4校と荒川小が統合し「荒川小」）
- 南那須町立下江川小、三箇小、熊田小、藤田小、志鳥小（昭和54年5校が統合して「江川小」）

下野市
- 石橋町立上古山小、下古山小（昭和44年2校が統合して「古山小」）
- 南河内町立薬師寺小仁良川分校（昭和39年）

上三川町
- 本郷小南分校（昭和52年）
- 明治小北分校（昭和52年）
- 本郷小北分校（昭和57年本郷北小として独立）

益子町
- 益子小星の宮分校（昭和56年）
- 田野小東田井分校（昭和62年）
- 田野小小泉分校（昭和62年）
- 山本小（平成19年田野小へ統合）
- 大羽小（平成19年益子小へ統合）
- 小宅小（平成19年七井小へ統合）

茂木町
- 馬門小、坂井小、小井戸小（昭和41年茂木小へ統合）
- 林小（昭和44年茂木東小へ統合）
- 鮎田小（昭和45年茂木東小へ統合）
- 牧野小、河又小、千本小（昭和55年、3校と中川小が統合し「中川小」）
- 千本小、桜井小（昭和60年2校が統合し「須藤小」）
- 小貫小、深沢小（昭和62年2校と逆川小が統合し「逆川小」）
- 鳥生田小（平成5年須藤小へ統合）
- 飯野小（平成10年中川小へ統合）
- 山内小（平成15年中川小へ統合）
- 茂木東小（平成18年茂木小へ統合）
- 木幡小（平成18年茂木小と逆川小へ分割統合）

市貝町
- 田野辺小（昭和38年）
- 文谷小（昭和38年）
- 市貝中央小刈生田分校（昭和47年）
- 見上小（昭和48年小貝中央小へ統合）]
- 市塙小、上根小（昭和58年2校が統合し「市貝小」）
- 小貝南小、小貝中央小（平成25年2校が統合し「小貝小」）

芳賀町
- 祖母井小、与能小（平成10年2校が統合し「芳賀東小」）
- 上稲毛田小（平成11年芳志戸小へ統合）
- 稲毛田小（平成12年芳賀東小へ統合）
- 下高根沢小、芳志戸小（平成15年2校が統合し「芳賀北小」）
- 水橋小、水沼小、高橋小（平成18年3校が統合し「芳賀南小」）

壬生町
- 北小、南犬飼小国谷分校（昭和35年2校が統合し「壬生東小」）

塩谷町
- 熊ノ木小東古屋分校（昭和42年）
- 熊ノ木小鳥羽分校（昭和43年）
- 熊ノ木小西高原分校（昭和50年）
- 上沢小学校（昭和53年）
- 熊ノ木小（平成11年玉生小へ統合）
- 田所小、大久保小（平成19年大宮小へ統合）
- 船生東小、船生西小（平成23年船生小へ統合）

高根沢町
- 文挾小、中央小東高谷分校（昭和36年2校が統合し北小文挾教室。昭和39年廃校）
- 中央小（旧）、桑窪小、柏崎小、台新田小（昭和46年4校が統合し「東小」）
- 大谷小、石末小、花岡小（昭和52年3校が統合し「中央小（新）」）

那須町
- 富岡小（昭和44年黒田原小へ統合）
- 逃室小、逃室小千振分校、夕狩小（昭和47年3校が統合し「朝日小」）
- 成沢小（昭和49年黒田原小へ統合）
- 稲沢小（昭和53年伊王野小へ統合）
- 寄居小（昭和53年芦野小へ統合）
- 田中小（平成26年黒田原小と統合）
- 田代小、室野井小（平成26年2校が統合し「田代友愛小」）
- 池田小、大沢小（平成26年2校が統合し「那須高原小」）
- 芦野小、伊王野小、美野沢小（平成28年3校が統合して「東陽小」）
- 大島小、朝日小（平成28年2校が統合し「学びの森小」）

那珂川町
- 武茂小、健武小、和見小（平成20年馬頭小へ統合）
- 大内小、谷川小、大山田小（平成22年3校が統合し「馬頭東小」）
- 薬利小、小川南小（平成26年小川小へ統合）
- 馬頭西小（平成30年馬頭小へ統合）
- 馬頭町立北向田小（昭和39年馬頭小へ統合）
- 馬頭町立久那瀬小（昭和42年馬頭小へ統合）
- 馬頭町立松野小、富山小（昭和43年2校が統合し「武茂小」）
- 馬頭町立大山田上郷小、大山田下郷小（昭和55年2校が統合し「大山田小」）
- 馬頭町立大那地小（昭和57年大内小へ統合）
- 馬頭町立矢又小（平成13年馬頭小へ統合）
- 馬頭町立小口小、小砂小（平成13年2校が統合し「馬頭西小」）

栃木県内中学校　統廃合一覧

※カッコ内は統廃合の年〈平成31年1月1日現在〉

宇都宮市
- 栃木師範学校男子部附属中、同女子部附属中（昭和24年2校が統合し「宇都宮大学栃木師範学校附属中（現・宇都宮大学教育学部附属中学校）」）
- 篠井中、富屋中（昭和45年2校が統合し「晃陽中」）

足利市
- 三重中、山前中（昭和34年2校が統合し「西中」）
- 矢場川中（昭和36年山辺中へ統合）
- 三和中（昭和41年坂西中へ統合）
- 北郷中、名草中（昭和58年2校が統合し「北中」）
- 御厨町立御厨中、梁田村立梁田中（昭和23年2校が統合し「協和中」）
- 筑波村立筑波中、久野中（昭和34年協和中へ統合）
- 坂西町立小俣中、葉鹿中（昭和37年2校が統合し「坂西中」）

栃木市
- 大宮中、国府中（昭和44年2校が統合し「東陽中」）
- 岩舟町立岩舟中、静和中、小野寺中（昭和50年3校が統合、岩舟中岩舟分校舎、静和分校舎、小野寺分校舎となり、53年完全統合）

佐野市
- 吾妻中（平成28年西中へ統合）
- 氷室村立水木中、秋山中（昭和27年2校が統合し「氷室中」）
- 田沼町立三好中、長谷場中、作原中、新合中、飛駒中（昭和45年5校が統合し「田沼町立西中（現・田沼西中）」）
- 葛生町立氷室中（昭和46年常盤中と統合）

鹿沼市
- 鹿沼中（昭和25年西中と東中へ分割）
- 東大芦中（昭和45年年西中へ統合、東大芦教室となり、46年廃校）
- 西大芦中（昭和46年年西中へ統合、西大芦教室となり、47年廃校）

日光市
- 川治中（平成22年藤原中へ統合）
- 川俣中（平成22年栗山中へ統合）
- 足尾町立第一中、第二中、第三中（昭和28年3校が統合し「足尾中」）
- 藤原町立藤原中川治分校（昭和31年）
- 栗山村立日向中（昭和56年栗山中と統合）
- 栗山村立西川中（昭和56年）

小山市
- 中（なか）中、穂積中（昭和39年2校が統合し「美田中」）
- 絹中（平成29年福良小、梁小、延島小と統合し「絹義務教育学校」）
- 間々田町立生井中、寒川中、寒川中分校（昭和33年間々田中へ統合）

大田原市
- 黒羽中、川西中、須賀川中、両郷中（平成22年4校が統合し「黒羽中」）
- 佐久山中（平成30年親園中へ統合）

矢板市
- 新高原中（昭和50年泉中へ統合）

那須塩原市
- 塩原中（平成29年塩原小と統合し「塩原小中」）

さくら市
- 氏家町立熟田中（昭和44年氏家中へ統合）

那須烏山市
- 境中（平成20年烏山中へ統合）
- 七合中（平成24年烏山中へ統合）
- 荒川中、下江川中（平成27年2校が統合し「南那須中」）
- 向田村立向田中（昭和23年烏山中へ統合）

下野市
- 石橋町立下古山中（昭和32年石橋中へ統合）
- 南河内村立薬師寺中、吉田中（昭和36年2校が統合し「南河内中」）

茂木町
- 須藤中（平成22年茂木中へ統合）
- 逆川中、中川中（平成29年茂木中へ統合）

壬生町
- 壬生中、稲葉中（昭和56年2校が統合し「壬生中」）

塩谷町
- 玉生中、船生中、大宮中（平成17年塩谷中へ統合）

那須町
- 芦野中、伊王野中（昭和51年2校が統合し「東陽中」）
- 大島中（昭和51年黒田原中へ統合）
- 那須中、高久中（平成27年2校が統合し「那須中」）
- 黒田原中、東陽中（平成29年2校が統合し「那須中央中」）
- 私立那須高原海城中（平成23年に東京都内に移転、26年閉校）

那珂川町
- 馬頭東中（平成20年馬頭中へ統合）
- 馬頭町立馬頭中馬頭分校（昭和48年）
- 馬頭町立馬頭中武茂分校（昭和48年）
- 馬頭町立馬頭中小砂分校（昭和48年）
- 馬頭町立大山田中、大内中（昭和56年2校が統合し「馬頭東中」）

栃木県内の高等学校

市町	校名	開学創立時期	備考
宇都宮	宇都宮高等学校	明治12年	普通科男子校、通信制 栃木師範附属予備学校（明治10年開校）を分離し薗部村（現・栃木市）に宇都宮中学校として開学。明治18年、県庁移転に伴い宇都宮移転 県第一中学校、県中学校、県尋常中学校、県立第一中学校、県立宇都宮中学校を経て昭和26年県立宇都宮高等学校
	宇都宮東高等学校	昭和38年	普通科男子校として開校。平成19年附属中学校開校。平成22年男女共学化
	宇都宮南高等学校	昭和51年	普通科共学校
	宇都宮北高等学校	昭和55年	普通科共学校
	宇都宮清陵高等学校	昭和60年	普通科共学校
	宇都宮女子高等学校	明治8年	普通科女子校 栃木町（現・栃木市）に栃木女学校として開校。明治18年、県庁移転に伴い宇都宮移転 栃木模範女学校、県第一女子中学校、県第一中学校女学部、県尋常中学校女学部、県高等女学校、県立宇都宮高等女学校、県宇都宮第一高等女学校を経て、昭和26年県立宇都宮女子高等学校
	宇都宮中央女子高等学校	昭和3年	普通科・総合家庭科の女子校 県立宇都宮第二高等女学校として開校。宇都宮松原高等学校を経て、昭和32年県立宇都宮中央女子高等学校 衛生看護科（昭和48年開設、平成16年閉科） 2022年共学化を予定
	宇都宮白楊高等学校	明治28年	農業経営科・生物工学科・食品科学科・農業工学科・情報技術科・流通経済科・服飾デザイン科の共学校、定時制 県簡易農学校として開校。県農学校、県立宇都宮農学校を経て昭和26年県立宇都宮農業高等学校。平成3年県立宇都宮白楊高等学校に改称、それに伴い農業・園芸・畜産・農業土木・生活の5学科を現在の7学科に再編
	宇都宮工業高等学校	大正12年	機械科・電子機械科・電気科・電子情報科・建築デザイン科・環境設備科・環境土木科の共学校、定時制 県立宇都宮工業学校として開校。昭和26年県立宇都宮工業高等学校に改称。平成23年9月現在地の新校舎に移転
	宇都宮商業高等学校	明治35年（市立宇都宮商業）	商業科・情報処理科の共学校、定時制 【市商】宇都宮商業補習学校として開校。市立宇都宮商業学校、市商業学校、市立宇都宮工業学校を経て、昭和23年4月市立商業高等学校 【県商】明治43年県立商業学校として開校。市立宇都宮商業学校、県立宇陽工業学校、県立宇都宮商業学校を経て昭和23年県宇都宮商業高等学校 昭和24年2校が統合、昭和26年県立宇都宮商業高等学校に改称
	作新学院高等学校	明治18年	普通科・商業システム科・電機システム科・電子システム科・自動車整備士養成科・美術デザイン科・ライフデザイン科の私立共学校 下野英学校として開校。私立作新館、私立下野中学校、下野中学校、作新館高等学校新設（昭和16年）を経て、下野中学校と作新館高等学校を合併し作新学院高等部。平成15年作新学院高等学校に改称
宇都宮	文星芸術大学附属高等学校	明治44年	英進科・普通科・総合ビジネス科の私立男子校 宇都宮実用英語簿記学校として開校。宇都宮実業学校、栃木県宇都宮実業学校、財団法人栃木県宇都宮実業学校を経て昭和23年宇都宮学園高等学校。平成15年文星芸術大学附属高等学校に改称。平成17年附属中学校開校
	宇都宮文星女子高等学校	昭和4年	秀英特進科・普通科・総合ビジネス科の私立女子校 宇都宮女子実業学校として開校。宇都宮女子商業学校、宇都宮女子第二女子商業学校新設（昭和19年）、宇都宮女子商業高校と宇都宮第二女子商業学校をを合併し宇都宮学園高等学校女子部。昭和28年宇都宮女子商業高等学校として宇都宮学園高等学校から独立、平成8年宇都宮文星女子高等学校に改称
	宇都宮短期大学附属高等学校	明治33年	普通科・生活教養科（女子）・情報商業科・調理科・音楽科の私立共学校 共和裁縫女学校として開校。宇都宮須賀高等学校を経て昭和43年宇都宮短期大学附属高等学校に改称。昭和58年附属中学校開校
	宇都宮海星女子学院高等学校	昭和29年	普通科私立女子校 海星女子学院高等部として開校（中等部も開校）。昭和47年宇都宮海星女子学院高等学校に改称
鹿沼	鹿沼高等学校	大正14年	普通科共学校 県立鹿沼高等女学校として開校。昭和23年鹿沼高等学校に改称・男女共学化、昭和24年市立女子高等学校と統合、昭和26年県立鹿沼高等学校に改称 家政科（平成7年閉科）
	鹿沼東高等学校	昭和58年	普通科共学校
	鹿沼南高等学校	明治42年（明治36年）	普通科・食料生産科・環境緑地科・ライフデザイン科の男女共学校 明治36年開校の私立上都賀学館が前身。明治42年上都賀郡立農林学校として開校。県立実業学校、県立鹿沼農商学校を経て昭和23年県鹿沼農商高等学校。昭和47年商業科が分離、県立鹿沼農業高等学校。平成21年粟野高等学校（昭和42年開校）と統合し、鹿沼南高等学校として開校
	鹿沼商工高等学校	明治42年（明治36年）	情報科学科・商業科の男女共学校、定時制 明治36年開校の私立上都賀学館を発祥、明治42年開校の上都賀郡立農林学校が前身。県立実業学校、県立鹿沼農商学校を経て昭和23年県鹿沼農商高等学校。昭和47年農業科を分離・工業科を併置し県立鹿沼商工高等学校に
日光	今市高等学校	大正14年	総合学科の共学校 県立今市中学校として開校。昭和23年今市高等学校と改称、昭和24年今市女子高等学校（旧今市実業女学校）を統合。平成9年に普通科・家政科・商業科を総合学科に転換
	今市工業高等学校	昭和39年	機械科・電気科・建設工学科の共学校 化学工学科（平成19年閉科）
	日光明峰高等学校	平成17年	普通科共学校 日光高等学校と足尾高等学校の統合校 日光高等学校（昭和2年日光町立日光高等学校として開校、県日光高等女学校を経て県立日光高校） 足尾高等学校（明治45年足尾町立実科高等女学校として開校、町立足尾高等学校を経て県立足尾高等学校）

149

市町	校名	開学創立時期	備考
上三川	上三川高等学校	昭和59年	普通科共学校
下野	石橋高等学校	大正13年	普通科共学校 県立石橋中学校として開校。昭和23年県立石橋高等学校に改称。昭和24年男女共学化 家政科（昭和25年開設、平成5年閉科）
壬生	壬生高等学校	昭和37年	普通科共学校 栃木農業高等学校定時制課程壬生分校から全日制普通科として独立
小山	小山高等学校	大正7年	普通科・数理科学科の共学校 小山町立小山農商補習学校として開校。小山公民実業学校、小山実業青年学校、県小山実業学校を経て昭和23年小山高等学校に改称。昭和47年農業科を小山園芸高等学校として分離、男子普通科設置。平成18年普通科の男女共学化 全日制商業科・国際会計科（平成10年閉科）、外国語学科英語人文科（平成20年閉科）
小山	小山南高等学校	昭和54年	普通科・スポーツ科の共学校
小山	小山西高等学校	昭和61年	普通科共学校
小山	小山北桜高等学校	昭和47年	園芸学科科・造園土木科・建築ビジネス科・総合ビジネス科・生活文化科の共学校 小山高等学校の農業系学科が分離独立し小山園芸高等学校として開校。平成8年総合選択制専門学校に学科再編、それに伴い小山北桜高等学校へ改称。平成21年総合産業高校に再度学科再編
小山	小山城南高等学校	大正11年	総合学科共学校 小山女子実業補修学校として開校。県小山実践女学校、県小山高等学校、小山女子高等学校を経て昭和24年男女共学化し、小山城南高等学校に改称。男子募集停止、衛生看護科の設置・閉科などを経て平成18年共学の総合学科
栃木	栃木高等学校	明治29年	普通科男子校 県尋常中学校栃木分校として開校。県第二中学校、県立栃木中学校を経て昭和26年県立栃木高等学校に改称
栃木	栃木農業高等学校	明治40年	農業科・生物工学科・農業土木科・食品化学科・生活科学科の共学校 下都賀郡立栃木農学校として開校。県立栃木農学校を経て昭和26年県立栃木農業高等学校に改称
栃木	栃木女子高等学校	明治34年	普通科女子校 下都賀郡立栃木高等女学校として開校。県立高等女学校を経て昭和26年栃木女子高等学校に改称 家政科（昭和50年普通科に転換）
栃木	栃木工業高等学校	昭和37年	機械科・電気科・電子科・情報技術科の共学校
栃木	栃木商業高等学校	大正6年	商業科・情報処理科の共学校 栃木実業補修学校として開校。栃木町立商業学校、栃木工業高校開設（昭和19年）、栃木工業高校廃止・栃木商工学校統合を経て、昭和25年栃木商業高等学校に改称・工業科閉科
栃木	栃木翔南高等学校	平成18年	普通科共学校 栃木南高等学校（昭和59年開校）と藤岡高等学校（昭和50年開校）が統合して開校
栃木	学悠館高等学校	平成17年	定時制・通信制の単位制フレックス校 小山高等学校、栃木高等学校、佐野高等学校、足利高等学校の各定時制課程を統合
栃木	國學院大學栃木高等学校	昭和35年	普通科私立共学校 平成8年附属中学校開校 国際情報科（昭和39年開設の商業科から平成3年科名変更、平成28年閉科）

市町	校名	開学創立時期	備考
佐野	佐野高等学校	明治34年	普通科共学校 県第四中学校として開校。県立佐野中学校を経て、昭和25年県立佐野実業高等学校（大正13年開校）を統合し県立佐野高等学校に改称。平成20年附属中学校開校。平成24年共学化 商業科（昭和49年県立佐野商業高等学校に分離独立）、農業科（平成8年閉科）
佐野	佐野東高等学校	明治40年	安蘇郡立佐野高等女学校として開校。県立佐野高等女学校を経て昭和26年県立佐野女子高等学校。平成23年共学化、佐野東高等学校に改称 家政科（平成22年募集停止）
佐野	佐野松桜高等学校	昭和49年（佐野商業高）	情報制御科・商業科・家政科・介護福祉科（社会福祉科から名称変更）の男女共学校 佐野松陽高等学校と田沼高等学校の統合校 佐野松陽高等学校（昭和49年佐野高等学校の商業科から分離独立して開校）。平成6年に改称） 田沼高等学校（昭和52年開校）
佐野	佐野清澄高等学校	大正11年	普通科・生活デザイン科・食物調理科の私立共学校 佐野裁縫女学校として開校。県佐野高等家政女学校、佐野弥生高等学校、弥生女学院高等学校を経て、平成12年男女共学化に伴い佐野清澄高等学校に改称
佐野	佐野日本大学高等学校	昭和39年	普通科私立共学校 昭和63年中学校開校（平成22年中等教育学校に移行） 商業科（昭和42年設置、平成元年募集停止）、国際教養科（平成元年設置、平成8年募集停止）
佐野	青藍泰斗高等学校	明治40年	普通科・総合ビジネス科・総合生活科（女子）の私立共学校 葛生学園として開校。葛生実業学校、葛生農商学校、葛生商業学校、葛生工業学校などを経て昭和23年葛生高等学校。平成17年青藍泰斗高等学校に改称
足利	足利高等学校	大正10年	普通科男子校 県立足利中学校として開校。昭和24年市立商業高校を統合、昭和26年県立足利高等学校 商業科（昭和42年閉科） 2022年足利女子高等学校と統合予定
足利	足利南高等学校	昭和51年	総合学科共学校 2000年総合学科に転科
足利	足利女子高等学校	明治42年	普通科女子校 足利郡立足利高等女学校として開校。県立足利高等女学校を経て昭和26年県立足利女子高等学校 2022年足利高等学校と統合予定
足利	足利工業高等学校	明治28年	機械科・電気科・産業デザイン科・電子機械科の共学校、定時制 明治18年創立足利織物講習所が前身。明治28年県工業学校として開校。県立工業学校、県立足利工業学校を経て昭和26年県立足利工業高等学校に改称 色染化学科・繊維工学科（平成3年廃止）、工業化学科（平成22年閉科）
足利	足利清風高等学校	平成19年	普通科・商業科・情報処理科の共学校 足利商業高等学校と足利西高等学校の統合校 足利商業高等学校（昭和38年閉校） 足利西高等学校（昭和44年足利女子高等学校西分校として開校、昭和47年分離独立して改称）

150

市町	校名	開学創立時期	備考
足利	足利大学附属高等学校	昭和36年（大正14年）	普通科・機械科・自動車科・電気科・情報処理科の私立共学校 大正14年開校の足利実践女学校が前身。月見ヶ丘高等学校男子部として開校。昭和43年独立し足利工業大学附属高等学校。平成14年共学化。平成30年足利大学附属高等学校に改称 商業科（昭和54年廃科認可）
足利	足利短期大学附属高等学校	大正14年	普通科私立女子校 足利実践女学校として開校。足利女子商業高校、月見ヶ丘高等学校、月見ヶ丘高等学校、足利工業大学附属月見ヶ丘高等学校を経て、昭和54年足利短期大学附属高等学校に改称 商業科（昭和56年廃科認可）
足利	白鷗大学足利高等学校	大正4年	普通科共学校 足利裁縫女学校として開校。足利高等女学校を経て昭和27年足利学園高等学校。昭和36年中学校開校。平成6年白鷗大学足利高等学校に改称 商業科・家政科（平成9年廃科）、音楽科（平成24年廃科）、自動車科・英語科（平成26年廃科）
真岡	真岡高等学校	明治33年	普通科男子校、定時制 明治33年県第三中学校として開校。県立真岡中学校を経て昭和26年県立真岡高等学校に改称 商業科（平成9年閉科）
真岡	真岡女子高等学校	明治44年	普通科女子校 真岡町立実科高等女学校として開校。芳賀郡立実科高等女学校、真岡高等女学校を経て昭和25年県立真岡女子高等学校と改称 家政科（平成9年閉科）、衛生看護科（平成16年閉科）
真岡	真岡北陵高等学校	明治41年	生物科・農業機械科・食品科学科・総合ビジネス科・教養福祉科（平成31年度から介護福祉科）の共学校 芳賀郡立農林学校として開校。県立真岡農業学校を経て昭和23年真岡農業高等学校に改称。平成7年真岡北陵高等学校に改称、総合選択制高校として学科改編
真岡	真岡工業高等学校	昭和41年	機械科・生産機械科・電子科・建設科の共学校 昭和38年真岡農業高等学校に併設された工業学科機械科が前身、分離独立して県立真岡工業高等学校 土木科・建築科（平成22年閉科）
益子	益子芳星高等学校	平成17年	普通科共学校 芳賀高等学校と益子高等学校の統合校 芳賀高等学校（昭和38年開校） 益子高等学校（昭和52年開校）
茂木	茂木高等学校	大正11年	総合学科共学校 町立茂木実業補習学校として開校。町立茂木公民実業学校、組合立茂木公民実業学校改称、組合立茂木家政女学校開校、県立茂木農学校改称などを経て、昭和26年県立茂木高等学校と改称。平成17年総合学科に改編 農業科・家政科（平成4年閉科）
那須烏山	烏山高等学校	平成20年（明治40年旧烏山高校）	普通科共学校 烏山高等学校と烏山女子高等学校の統合校 烏山高等学校（明治40年私立烏山学館として開校。県立烏山中学校を経て昭和26年県立烏山高等学校） 烏山女子高等学校（大正10年烏山町立実践女学校として開校。昭和23年県立烏山女子高等学校）
那珂川	馬頭高等学校	昭和21年	普通科・水産科の共学校 県立馬頭農学校として開校。昭和24年県立馬頭高等学校に改称 家政科（昭和63年閉科）、農業科（平成3年閉科）

市町	校名	開学創立時期	備考
大田原	黒羽高等学校	昭和37年	普通科共学校 商業科（平成11年閉科）
大田原	大田原高等学校	明治34年	普通科男子校 県第五中学校として開校。県立大田原中を経て昭和26年県立大田原高等学校と改称 商業科（平成11年閉科）
大田原	大田原女子高等学校	明治44年	普通科女子校、定時制（大田原東高等学校） 町立大田原実科高等女学校として開校。郡立那須実科高等女学校、県那須実科高等女学校を経て昭和26年県立大田原女子高等学校に改称 家政科（平成11年閉科）、衛生看護科（平成16年閉科）
那須塩原	那須拓陽高等学校	昭和20年	普通科・農業経営科・生物工学科・食品化学科・食物文化科の共学校 県立那須農業学校として開校。昭和23年県立那須農業高等学校に改称。昭和63年学科再編。平成元年那須拓陽高等学校に改称
那須塩原	那須清峰高等学校	昭和36年	機械科・電子機械科・建設工学科・電気科・情報技術科・商業科の共学校 県立那須工業高等学校として開校。平成9年学科再編で総合選択制専門高校として那須清峰高等学校に改称
那須塩原	黒磯高等学校	大正14年	普通科共学校 黒磯町立実践女学校として開校。県黒磯実践女学校を経て昭和26年県立黒磯高等学校 家政科（平成11年閉科）、理数科（平成20年閉科）
那須塩原	黒磯南高等学校	昭和51年	総合学科共学校 平成25年総合学科に再編
那須	那須高等学校	昭和24年	普通科・リゾート観光科の共学校 那須農業高等学校黒田原分校として開校。昭和35年県立那須高等学校として独立 農業科（昭和37年募集停止）、商業科（平成10年募集停止）
矢板	矢板高等学校	平成23年（明治43年矢板高校）	農業経営科・機械科・電子科・栄養食物科・介護福祉科の男女共学校 矢板高等学校と塩谷高等学校の統合校 矢板高等学校（塩谷郡立農林学校として開校。県立矢板農学校を経て昭和26年県立矢板高等学校） 塩谷高等学校（昭和50年矢板高等学校大宮分校として開校、昭和47年県立塩谷高等学校として独立）
矢板	矢板東高等学校	昭和47年（昭和23年矢板高校普通科）	普通科共学校、定時制 矢板高等学校の普通科として設置。昭和47年県立矢板東高等学校として分離独立。平成24年附属中学校開校 商業科（平成7年閉科）
矢板	矢板中央高等学校	昭和32年	普通科・スポーツ科の私立共学校 矢板高等女子学院として開校。昭和45年共学化し矢板中央高等学校と改称
高根沢	高根沢高等学校	昭和25年	普通科・商業科の共学校 矢板高等学校北高根沢分校として設置。昭和42年県立高根沢商業高等学校と改称。平成18年総合選択制高校として県立高根沢高等学校に改称 流通経済科（平成20年閉科）
さくら	さくら清修高等学校	平成18年	総合学科共学校 氏家高等学校と喜連川高等学校の統合校 氏家高等学校（大正13年県立氏家高等女学校として開校。昭和23年共学化、昭和26年県立氏家高等学校に改称） 喜連川高等学校（昭和21年県立喜連川農学校として開校、昭和26年県立喜連川高等学校に改称）

栃木県内の大学・短大・高専

学名	創立・開学年	備考
宇都宮大学	昭和24年5月	栃木師範学校(明治6.5創立)、栃木青年師範学校(大正11.3創立)、宇都宮高等農林学校(大正11.10創立)を包括して学芸学部(昭和41年教育学部に変更)・農学部の2学部の新制大学として発足。昭和39年工学部新設(宇都宮工業短大の昇格)。国際学部(平成6年)、地域デザイン科学部(平成28年)開設
足利大学	昭和42年4月	工学部・看護学部(平成28年開設)。足利工業大学として開学。平成30年足利大学に学名変更
自治医科大学	昭和47年4月	僻地医療と地域医療の充実を目的に設立。医学部・看護学部(平成14年開設)自治医科大学看護短期大学(昭和62年開設、平成17年廃止)
獨協医科大学	昭和48年4月	医学部・看護学部(平成19年開設)・助産学専攻科(平成23年開設)
白鷗大学	昭和61年4月	経営学部・法学部(平成4年開設)・教育学部(平成16年発達科学部として開設、平成19年に変更) 白鷗女子短期大学(昭和49年開設、平成18年廃止)
作新学院大学	平成元年4月	経営学部・地域発展学部(平成12年開設)・人間文化学部(平成14年開設)
帝京大学 (宇都宮キャンパス)	平成元年4月	帝京大学(昭和41年開学)理工学部を宇都宮に開設
国際医療福祉大学	平成7年4月	保健学部・医療福祉学部(平成10年開設)・薬学部(平成17年開設)
宇都宮共和大学	平成11年4月	シティライフ学部(平成18年都市経済学部から変更)・子ども生活学部(平成23年開設)。那須大学として開学。平成18年宇都宮共和大学に学名変更
文星芸術大学	平成11年4月	美術学部
國學院大學 栃木短期大学	昭和41年4月	日本文化学科(平成24年国文学科、日本史学科、商学科を再編)・人間教育学科(平成24年家政学科、初等教育学科を再編)
宇都宮短期大学	昭和42年4月	音楽科・人間福祉学科(平成13年開設)・食物栄養学科(平成30年設置認可)
作新学院 女子短期大学部	昭和42年4月	文科・幼児教育科。作新学院女子短期大学として開学。平成11年作新学院大学女子短期大学部に学名変更
足利短期大学	昭和54年4月	こども学科(平成22年幼児教育科から名称変更) 専攻科福祉専攻(平成12年開設、平成22年募集停止)、看護学科(平成8年看護科として開設、平成26年募集停止)
宇都宮文星 短期大学	平成元年4月	地域総合文化学科(平成16年開設) 美術学科(平成12年廃止)、専攻科(平成13年廃止)、文化学科(平成19年廃止)
佐野日本大学 短期大学	平成2年4月	総合キャリア教育学科(平成22年英米語学科・経営情報科・社会福祉学科を集約)。佐野女子短期大学として開学。平成8年佐野国際情報短期大学、平成14年佐野短期大学、平成29年佐野日本大学短期大学にそれぞれ学名変更
小山工業 高等専門学校	昭和40年4月	国立高専4期校として開校。機械工学科・物質工学科(工業化学科から変更)・建築学科(昭和45年開設)・電気電子創造工学科(平成25年電気情報工学科と電子制御工学科を統合し開設)・専攻科

歴代栃木県知事 <昭和以降>
歴代栃木県議会議長 <昭和以降>

歴代栃木県知事（昭和以降）

代	氏名	在職年月日
20	藤岡 兵一	大正15.9.28～昭和2.5.17
21	別府 総太郎	昭和2.5.17～3.6.29
22	藤山 竹一	昭和3.6.29～4.7.5
23	森岡 二朗	昭和4.7.5～4.11.8
24	原田 維織	昭和4.11.8～6.1.20
25	浅利 三朗	昭和6.1.20～6.12.17
26	豊島 長吉	昭和6.12.18～7.6.28
27	半井 清	昭和7.6.28～9.7.10
28	萱場 軍蔵	昭和9.7.10～11.3.13
29	松村 光磨	昭和11.3.13～12.9.30
30	足立 収	昭和12.10.1～15.4.8
31	山縣 三郎	昭和15.4.9～17.1.9
32	桜井 安右衛門	昭和17.1.9～18.7.1
33	安積 得也	昭和18.7.1～19.11.1
34	相馬 敏夫	昭和19.11.1～21.1.24
35	小川 喜一	昭和21.1.25～22.3.5
36	池田 清志	昭和22.3.11～22.4.12
37,38	小平 重吉	昭和22.4.12～30.1.5
39	小川 喜一	昭和30.2.5～34.2.4
40,41,42,43	横川 信夫	昭和34.2.5～49.12.7
44,45,46	船田 譲	昭和49.12.8～59年12.8
47,48,49,50	渡辺 文雄	昭和59.12.9～平成12.12.8
51	福田 昭夫	平成12.12.9～16.12.8
52,53,54,55	福田 富一	平成20.12.9～ 現在

※36代池田清志までは官選、37代小平重吉からは公選

歴代栃木県議会議長（昭和以降）

代	氏名	出身地	在職年月日
26	森田 利一郎	小山市(旧寒川村)	大正13.11～昭和2.9
27	高山 林蔵	壬生町(旧南犬飼村)	昭和2.10～3.12
28	前沢 木玄太	小山市(旧豊田村)	昭和3.12～4.12
29	坪山 徳弥	宇都宮市(旧姿川村)	昭和4.12～5.11
30	大門 恒作	さくら市(旧氏家町)	昭和5.12～6.9
31	高山 林蔵	壬生町(旧南犬飼村)	昭和6.10～7.11
32	大門 恒作	さくら市(旧氏家町)	昭和7.11～9.11
33	大岡 恒次郎	宇都宮市(旧羽黒村)	昭和9.11～10.9
34	佐久間 渡	宇都宮市	昭和10.10～12.11
35	菊地 恒八郎	那須塩原市(旧黒磯市)	昭和12.11～14.9
36	野沢 近太郎	上三川町(旧本郷村)	昭和14.10～16.12
37	渡辺 志郎	宇都宮市(旧城山村)	昭和16.12～20.3
38	大橋 英次	小山市(旧間々田町)	昭和20.11～22.4
39,40	高際 徳治	栃木市(旧赤麻村)	昭和22.5～25.5
41	大川 信助	足利市(旧小俣町)	昭和25.6～26.4
42	佐藤 清一郎	宇都宮市(旧豊郷村)	昭和26.5～28.3
43	小田垣 健一郎	壬生町	昭和28.5～30.4
44	稲川 時	那須塩原市(旧黒磯町)	昭和30.5～31.9
45	川俣 憲治	佐野市(旧田沼町)	昭和31.9～32.6
46	小田垣 健一郎	壬生町	昭和32.6～33.8
47	島田 藤五郎	大田原市(旧川西町)	昭和33.8～34.4
48	福田 新作	日光市(旧今市市)	昭和34.5～35.9
49	大渕 源一郎	宇都宮市	昭和35.9～36.6
50	中島 金次郎	栃木市	昭和36.6～37.3
51	星 功	日光市(旧藤原町)	昭和37.3～38.4
52	島田 藤五郎	大田原市(旧黒羽町)	昭和38.5～39.1
53	田村 賢作	下野市(旧国分寺町)	昭和39.2～40.3
54	佐藤 昌次	壬生町	昭和40.3～41.3
55	藤田 計次	佐野市	昭和41.3～42.4
56	安藤 満次郎	宇都宮市	昭和42.5～43.12
57	沢田 武雄	佐野市(旧田沼町)	昭和43.12～45.3
58	柿沼 利男	塩谷町	昭和45.3～46.2
59	舘野 武男	上三川町	昭和46.2～46.4
60	沢田 武雄	佐野市(旧田沼町)	昭和46.5～47.9
61	大野 陽一郎	宇都宮市	昭和47.9～48.10
62	小池 知明	小山市	昭和48.10～50.4
63	和知 好美	那珂川町(旧馬頭町)	昭和50.5～51.7
64	薄井 信吉	那須町	昭和51.7～52.6
65	鈴木 乙一郎	栃木市	昭和52.6～53.9
66	川野 敏雄	佐野市(旧葛生町)	昭和53.9～54.4
67	山口 公久	矢板市	昭和54.5～55.7
68	鈴木 重幸	大田原市(旧黒羽町)	昭和55.7～56.7
69	平山 正二	那須塩原市(旧西那須野町)	昭和56.7～57.6
70	橋本 雄飛太郎	栃木市(旧大平町)	昭和57.6～58.4
71	福富 金蔵	鹿沼市	昭和58.5～59.3
72	高徳 正美	那須烏山市(旧烏山町)	昭和59.3～60.3
73	岩崎 実	益子町	昭和60.3～61.3
74	板橋 一好	小山市	昭和61.3～62.4
75	前原 範三	下野市(旧石橋町)	昭和62.5～63.3
76	神谷 正二	鹿沼市	昭和63.3～平成元.3
77	田野辺 充男	芳賀町	平成元.3～2.3
78	野沢 隆治	上三川町	平成2.3～3.4
79	湯沢 隆夫	鹿沼市(旧粟野町)	平成3.5～4.3
80	増渕 賢一	宇都宮市	平成4.3～5.3
81	西川 公也	さくら市(旧氏家町)	平成5.3～6.3
82	吉成 健蔵	さくら市(旧氏家町)	平成6.3～7.4
83	吉谷 宗夫	足利市	平成7.5～8.3
84	岸野 節男	日光市	平成8.3～9.3
85	新井 喜久雄	鹿沼市	平成9.3～10.3
86	村田 茂忠	宇都宮市	平成10.3～11.4
87	郡司 征夫	那須塩原市(旧西那須野町)	平成11.5～12.3
88	大島 和郎	栃木市	平成12.3～13.3
89	石島 保男	小山市	平成13.3～14.3
90	渡辺 渡	日光市(旧今市市)	平成14.3～15.4
91	梶 克之	宇都宮市	平成15.5～16.3
92	平池 秀光	栃木市	平成16.3～17.3
93	木村 好文	足利市	平成17.3～18.3
94	阿久津 憲二	那須塩原市	平成18.3～19.4
95	石坂 真一	真岡市	平成19.5～21.3
96	青木 克明	矢板市	平成21.3～22.3
97	野田 尚吾	栃木市(旧大平町)	平成22.3～23.4
98	神谷 幸伸	鹿沼市	平成23.5～24.3
99	髙橋 文吉	宇都宮市	平成24.3～24.12
100	三森 文徳	那須烏山市	平成24.12～26.3
101	螺良 昭人	宇都宮市	平成26.3～27.4
102	岩崎 信	益子町	平成27.5～28.3
103	五月女 裕久彦	宇都宮市	平成28.3～29.3
104	小林 幹夫	鹿沼市	平成29.3～30.3
105	五十嵐 清	小山市	平成30.3～

栃木県　歴代国会議員
[衆議院・参議院議員]

栃木県歴代衆議院議員（昭和以降）

選挙期日	当選者名
第16回 昭和3.2.20	①森恪(政友)高田耘平(民政)高橋元四郎(民政)斎藤藤四郎(政友)斎藤太兵衛(民政)松村光三(政友)藤沼庄平(政友)神田正雄(民政)栗原彦三郎(民政)
第17回 昭和5.2.20	①森恪(政友)斎藤太兵衛(民政)船田中(政友)高橋元四郎(民政)高田耘平(民政)②松村光三(政友)栗原彦三郎(民政)阿由葉勝作(民政)上野基三(政友)
第18回 昭和7.2.20	①船田中(政友)森恪(政友)坪山徳弥(政友)高田耘平(民政)岡田喜久治(民政)②松村光三(政友)岡本一巳(政友)上野基三(政友)栗原彦三郎(民政)
第19回 昭和11.2.20	①船田中(政友)高田耘平(民政)大門恒作(民政)岡田喜久治(民政)坪山徳弥(政友)②松村光三(政友)木村浅七(民政)高松長三(民政)森下国雄(民政)
第20回 昭和12.4.30	①船田中(政友)高田耘平(民政)石山寅吉(社大)江原三郎(政友)岡田喜久治(民政)②森下国雄(民政)松村光三(政友)小平重吉(政友)木村浅七(民政)
補欠当選 昭和12.6.5	坪山徳弥(政友)(石山死去による)
第21回 昭和17.4.30	①高田耘平(翼賛)船田中(翼賛)佐久間渡(翼賛)矢部藤七(翼賛)菅又薫(非推薦)②松村光三(翼賛)森下国雄(翼賛)森田正義(翼賛)日下田武(翼賛)
第22回 昭和21.4.10	戸叶里子(諸派)江部順治(進歩)金子益太郎(社会)山口光一郎(進歩)高瀬伝(社会)菅又薫(進歩)船田享二(日協)杉田一郎(自由)
第23回 昭和22.4.25	①相馬助治(社会)矢野政男(民主)戸叶里子(社会)船田享二(国協)高瀬伝(社会)②山口好一(自由)金子益太郎(社会)小平久雄(民主)大沢嘉平治(民主)栗田英男(民主)
第24回 昭和24.1.23	①船田享二(国協)森山欽司(民自)尾関義一(民自)高塩三郎(民自)戸叶里子(社会)②山口好一(民自)森下孝(民自)小平久雄(民自)大沢嘉平治(民自)佐藤親弘(民自)
第25回 昭和27.10.1	①船田中(自由)戸叶里子(社右)高瀬伝(改進)森山欽司(改進)野沢清人(自由)②小平久雄(自由)松村光三(自由)森下国雄(自由)山田長司(社左)栗田英男(改進)
第26回 昭和28.4.19	①尾関義一(吉田自)黒沢幸一(社左)船田中(吉田自)高瀬伝(改進)戸叶里子(社右)②佐藤親弘(吉田自)山田長司(社左)小平久雄(吉田自)山口好一(鳩山自)栗田英男(改進)
第27回 昭和30.2.27	①森山欽司(民主)船田中(自由)高瀬伝(民主)野沢清人(自由)戸叶里子(社右)②森下国雄(民主)小平久雄(自由)山口好一(民主)山田長司(社左)神田大作(社右)
第28回 昭和33.5.22	①大貫大八(社会)高瀬伝(自民)戸叶里子(社会)野沢清人(自民)船田中(自民)②森下国雄(自民)神田大作(社会)小平久雄(自民)山田長司(社会)山口好一(自民)
第29回 昭和35.11.20	①船田中(自民)森山欽司(自民)尾関義一(自民)広瀬秀吉(社会)戸叶里子(社会)②小平久雄(自民)森下国雄(自民)武藤山治(社会)山田長司(社会)山口好一(自民)
第30回 昭和38.11.21	①高瀬伝(自民)船田中(自民)戸叶里子(社会)森山欽司(自民)渡辺美智雄(自民)②小平久雄(自民)森下国雄(自民)山田長司(社会)藤尾正行(自民)武藤山治(社会)
第31回 昭和42.1.29	①船田中(自民)広瀬秀吉(社会)渡辺美智雄(自民)森山欽司(自民)戸叶里子(社会)②小平久雄(自民)武藤山治(社会)神田大作(民社)森下国雄(自民)藤尾正行(自民)
第32回 昭和44.12.27	①渡辺美智雄(自民)森山欽司(自民)船田中(自民)戸叶里子(社会)広瀬秀吉(社会)②藤尾正行(自民)小平久雄(自民)稲村利幸(自民)和田一郎(公明)森下国雄(自民)
第33回 昭和47.12.10	①船田中(自民)渡辺美智雄(自民)森山欽司(自民)広瀬秀吉(社会)稲葉誠一(社会)②武藤山治(社会)小平久雄(自民)稲村利幸(自民)神田大作(民社)藤尾正行(自民)
第34回 昭和51.12.5	①渡辺美智雄(自民)森山欽司(自民)船田中(自民)稲葉誠一(社会)広瀬秀吉(社会)②武藤山治(社会)藤尾正行(自民)神田厚(民社)和田一郎(公明)稲村利幸(自民)
第35回 昭和54.10.7	①渡辺美智雄(自民)船田元(自民)森山欽司(自民)広瀬秀吉(社会)稲葉誠一(社会)②稲村利幸(自民)武藤山治(社会)神田厚(民社)藤尾正行(自民)和田一郎(公明)
第36回 昭和55.6.22	①渡辺美智雄(自民)船田元(自民)森山欽司(自民)広瀬秀吉(社会)稲葉誠一(社会)②稲村利幸(自民)武藤山治(社会)藤尾正行(自民)植竹繁雄(自民)神田厚(民社)
第37回 昭和58.12.18	①渡辺美智雄(自民)船田元(自民)森山欽司(自民)広瀬秀吉(社会)稲葉誠一(社会)②武藤山治(社会)稲村利幸(自民)神田厚(民社)水谷弘(公明)藤尾正行(自民)

※議員名の前の丸数字は選挙区

選挙期日	当選者名
第38回 昭和61.7.6	①渡辺美智雄（自民）船田元（自民）広瀬秀吉（社会）稲葉誠一（社会）森山欽司（自民） ②藤尾正行（自民）稲村利幸（自民）武藤山治（社会）水谷弘（公明）神田厚（民社）
第39回 平成2.2.18	①小林守（社会）渡辺美智雄（自民）船田元（自民）簗瀬進（自民）安田範（社会） ②武藤山治（社会）藤尾正行（自民）神田厚（民社）稲村利幸（自民）植竹繁雄（自民）
第40回 平成5.7.18	①渡辺美智雄（自民）船田元（新生）簗瀬進（さき）小林守（社会）蓮実進（自民） ②茂木敏充（日本新）藤尾正行（自民）山岡賢次（自民）青山二三（公明）神田厚（民社）
第41回 平成8.10.20	①船田元②西川公也（自民）③渡辺喜美（自民）④佐藤勉（自民）⑤茂木敏充（自民） 【比例】神田厚（新進）森山真弓（自民）青山二三（新進）小林守（民主）蓮実進（自民）植竹繁雄（自民）
第42回 平成12.6.25	①水島広子（民主）②西川公也（自民）③渡辺喜美（自民）④佐藤勉（自民）⑤茂木敏充（自民） 【比例】森山真弓（自民）山岡賢次（自由）小林守（民主）青山二三（公明）蓮実進（自民）植竹繁雄（自民）
第43回 平成15.11.9	①船田元（自民）②森山真弓（自民）③渡辺喜美（自民）④佐藤勉（自民）⑤茂木敏充（自民） 【比例】西川公也（自民）蓮実進（自民）植竹繁雄（自民）遠藤乙彦（公明）山岡賢次（民主）水島広子（民主）
第44回 平成17.9.11	①船田元（自民）②森山真弓（自民）③渡辺喜美（自民）④佐藤勉（自民）⑤茂木敏充（自民） 【比例】西川公也（自民）福田昭夫（民主）遠藤乙彦（公明）山岡賢次（民主）
第45回 平成21.8.30	①石森久嗣（民主）②福田昭夫（民主）③渡辺喜美（みんな）④山岡賢次（民主）⑤茂木敏充（自民） 【比例】富岡芳忠（民主）山内康一（みんな）遠藤乙彦（公明）佐藤勉（自民）
第46回 平成24.12.16	①船田元（自民）②西川公也（自民）③渡辺喜美（みんな）④佐藤勉（自民）⑤茂木敏充（自民） 【比例】山内康一（みんな）福田昭夫（民主）簗和生（自民）柏倉裕司（みんな）輿水恵一（公明）
第47回 平成26.12.14	①船田元（自民）②福田昭夫（民主）③簗和生（自民）④佐藤勉（自民）⑤茂木敏充（自民） 【比例】西川公也（自民）輿水恵一（公明）
第48回 平成29.10.22	①船田元（自民）②福田昭夫③簗和生（自民）④佐藤勉（自民）⑤茂木敏充（自民）

栃木県歴代参議院議員

選挙期日	当選者名
第1回 昭和22.4.20	大島定吉（民主）岩崎正三郎（社会）殿岡利助（民主）植竹春彦（民主）
補欠当選 昭和22.8.15	岡田喜久治（民主）（殿岡辞職による）
第2回 昭和25.6.4	相馬助治（社会）植竹春彦（自由）
第3回 昭和28.4.24	戸叶武（社右）佐藤清一郎（吉田自）
第4回 昭和31.7.8	相馬助治（社会）植竹春彦（自由）
第5回 昭和34.6.2	戸叶武（社会）湯沢三千男
第6回 昭和37.7.1	植竹春彦（自民）稲葉誠一（社会）
補欠当選 昭和38.4.6	坪山徳弥（湯沢死去による）
第7回 昭和40.7.4	船田譲（自民）田村賢作（自民）
第8回 昭和43.7.7	植竹春彦（自民）矢野登（自民）
第9回 昭和46.6.27	船田譲（自民）戸叶武（社会）
第10回 昭和49.7.7	大塚喬（社会）大島友治
補欠当選 昭和49.12.8	矢野登（船田が県知事選立候補による辞職のため）
第11回 昭和52.7.10	岩崎純三（自民）戸叶武（社会）
補欠当選 昭和58.2.13	上野雄文（戸叶死去のため）
第12回 昭和55.6.22	森山真弓（自民）大島友治（自民）
第13回 昭和58.6.26	上野雄文（社会）岩崎純三（自民）
第14回 昭和61.7.6	森山真弓（自民）大島友治（自民）
第15回 平成元.7.23	上野雄文（社会）岩崎純三（自民）
第16回 平成4.7.26	森山真弓（自民）矢野哲朗（自民）
第17回 平成7.7.23	岩崎純三（自民）国井正幸（民改連）
第18回 平成10.7.12	簗瀬進（民主）矢野哲朗（自民）
第19回 平成13.7.29	国井正幸（自民）谷博之（民主）
第20回 平成16.7.11	簗瀬進（民主）矢野哲朗（自民）
第21回 平成19.7.29	谷博之（民主）
第22回 平成22.7.11	上野通子（自民）
第23回 平成25.7.21	髙橋克法（自民）
第24回 平成28.7.10	上野通子（自民）

歴代総理大臣 <昭和以降>

代	氏名	政党など	在職期間
25	若槻　礼次郎	憲政会総裁	大正15.1～昭和2.4
26	田中　義一	立憲政友会総裁	昭和2.4～4.7
27	浜口　雄幸	立憲民政党総裁	昭和4.7～6.4
28	若槻　礼次郎	立憲民政党総裁	昭和6.4～6.12
29	犬養　毅	立憲政友会総裁	昭和6.12～7.5
30	斎藤　実	海軍大将	昭和7.5～9.7
31	岡田　啓介	海軍大将	昭和9.7～11.3
32	広田　弘毅	外交官	昭和11.3～12.2
33	林　銑十郎	陸軍大将	昭和12.2～12.6
34	近衛　文麿	貴族院議長	昭和12.6～14.1
35	平沼騏一郎	枢密院議長	昭和14.1～14.8
36	阿部　信行	陸軍大将	昭和14.8～15.1
37	米内　光政	海軍大将	昭和15.1～15.7
38,39	近衛　文麿	大政翼賛会総裁	昭和15.7～16.10
40	東條　英機	陸軍大将	昭和16.10～19.7
41	小磯　国昭	陸軍大将	昭和19.7～20.4
42	鈴木　貫太郎	元侍従長、海軍大将	昭和20.4～20.8
43	東久邇宮稔彦	皇族、陸軍大将	昭和20.8～20.10
44	幣原　喜重郎	元外相	昭和20.10～21.5
45	吉田　茂	日本自由党総裁	昭和21.5～22.5
46	片山　哲	日本社会党委員長	昭和22.5～23.3
47	芦田　均	民主党総裁	昭和23.3～23.10
48,49,50,51	吉田　茂	民主自由党総裁、自由党総裁	昭和23.10～29.12
52,53,54	鳩山　一郎	日本民主党総裁、自由民主党総裁	昭和29.12～31.12
55	石橋　湛山	自由民主党総裁	昭和31.12～32.2
56,57	岸　信介	自由民主党総裁	昭和32.2～35.7
58,59,60	池田　勇人	自由民主党総裁	昭和35.7～39.11
61,62,63	佐藤　栄作	自由民主党総裁	昭和39.11～47.7
64,65	田中　角栄	自由民主党総裁	昭和47.7～49.12
66	三木　武夫	自由民主党総裁	昭和49.12～51.12
67	福田　赳夫	自由民主党総裁	昭和51.12～53.12
68,69	大平　正芳	自由民主党総裁	昭和53.12～55.7
70	鈴木　善幸	自由民主党総裁	昭和55.7～57.11
71,72,73	中曽根　康弘	自由民主党総裁	昭和57.11～62.11
74	竹下　登	自由民主党総裁	昭和62.11～平成元.6
75	宇野　宗佑	自由民主党総裁	平成元.6～元.8
76,77	海部　俊樹	自由民主党総裁	平成元.8～3.11
78	宮澤　喜一	自由民主党総裁	平成3.11～5.8
79	細川　護煕	日本新党代表	平成5.8～6.4
80	羽田　孜	新生党党首	平成6.4～6.6
81	村山　富市	日本社会党委員長	平成6.6～8.1
82,83	橋本　龍太郎	自由民主党総裁	平成8.1～10.7
84	小渕　恵三	自由民主党総裁	平成10.7～12.4
85,86	森　喜朗	自由民主党総裁	平成12.4～13.4
87,88,89	小泉　純一郎	自由民主党総裁	平成13.4～18.9
90	安倍　晋三	自由民主党総裁	平成18.9～19.9
91	福田　康夫	自由民主党総裁	平成19.9～20.9
92	麻生　太郎	自由民主党総裁	平成20.9～21.9
93	鳩山　由紀夫	民主党代表	平成21.9～22.6
94	菅　直人	民主党代表	平成22.6～23.9
95	野田　佳彦	民主党代表	平成23.9～24.12
96,97,98	安倍　晋三	自由民主党総裁	平成24.12～

消費者物価指数 & 主要耐久消費財の普及率

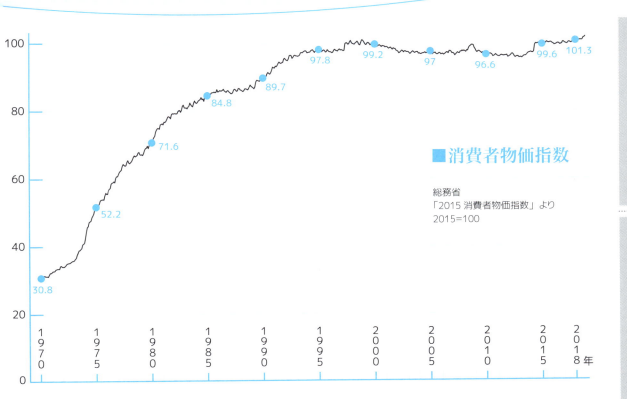

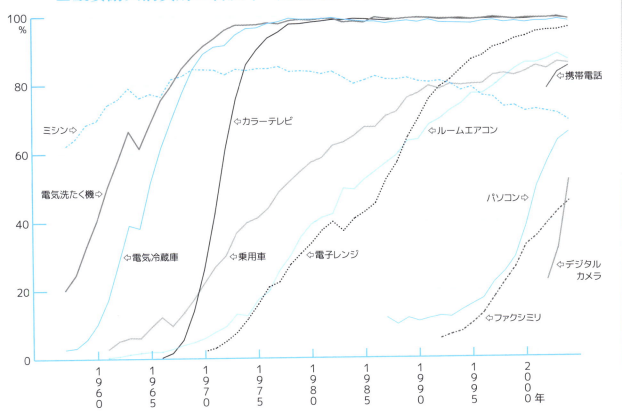

物価の推移

■物価の変動

参考資料：「物価の文化史事典」「戦後値段史年表」 ※単位：円（小数点以下は銭、80銭=0.8円）

		米		味噌		醤油		塩		砂糖	
昭和	元年	2.96	元年	0.8	元年	0.85	元年	0.06	元年	0.27	
	10年	2.38	10年	0.68	10年	0.52			10年	0.23	
			15年	0.87	15年	0.64	13年	0.26	15年	0.28	
	20年	3.57									
	21年	20.11	21年	1.86	21年	32.9	21年	1.14			
	22年	76.34	22年	6.34	22年	52.6	22年	4.93			
	23年	222	23年	13			23年	21			
					25年	88	25年	18			
	27年	620							26年	79	
	30年	765	29年	80	29年	152	30年	21	30年	51	
							37年	20	37年	146	
	40年	1,125	40年	113	40年	197					
					45年	230					
	50年	2,790	50年	250	50年	448					
	55年	3,356	55年	303	55年	566	56年	75	55年	230	
平成	5年	3,769	5年	366	5年	327	4年	110	5年	235	
	18年	3,946	18年	334	18年	256	18年	112	18年	205	
	※単位：精米10kg		※単位：1kg（昭和15年以前は3.75g）		※単位：2L（昭和15年以前は1.8L）		※単位：1kg（昭和13年以前は160g）		※単位：1kg（昭和元年～15年は600g、26年と30年は375g）		

		たばこ（ピース10本）		コーヒー（喫茶店）		はがき		水道		ガソリン	
昭和								3年	0.93	元年	0.2
				10年	0.15	12年	0.02			10年	0.12
				15年	0.1					15年	0.22
				20年	6	20年	0.05	20年	1.5		
	21年	10			21年	0.15			21年	1.2	
	22年	30			22年	0.5	22年	5	22年	7.9	
	23年	50			23年	2	23年	50	23年	14	
	24年	60	25年	28							
	30年	45					31年	120	30年	37	
					41年	7			40年	51	
	43年	50	43年	86							
			46年	115					48年	66	
			50年	199	51年	20	50年	300	50年	112	
	55年	90	55年	252	56年	30			55年	155	
	61年	120	60年	282			59年	800			
平成					元年	41			元年	125	
			5年	397	6年	50	6年	923	10年	98	
	18年	150					16年	966円	14年	105	
	30年	250	18年	416	30年	62			18年	144	
							※単位：東京料金（昭和22年以前は建坪15坪以下）		※単位：1L		

小麦		食パン		うどん・そば		牛乳		日本酒	
								2年	1.6
5年	0.07	5年	0.08	6年	0.04	3年	0.09		
						10年	0.08		
15年	0.12	15年	0.10	15年	0.16			15年	2.4
						21年	1.81		
								22年	550
						23年	11		
				24年	15				
		26年	21					27年	875
33年	20	33年	26						
35年	55	37年	87	36年	40	38年	18		
40年	79	40年	98					40年	710
		45年	129	46年	100	45年	25		
		50年	237			50年	48	50年	1,280
55年	159			55年	280			55年	1,600
60年	211	60年	374			60年	58		
								2年	1,070
5年	204	5年	413	5年	439				
						11年	85		
18年	193	18年	409	18年	510	18年	103	18年	1,859

※単位:1kg (昭和33年以前375g) ※単位:1kg (昭和5～15年は225g、26年～33年は375g) ※単位:かけ1杯 ※単位:200ml ※単位:1.8L

映画		床屋		鉄道		初任給	
		2年	0.5	元年	0.05		
20年	1~4.5	20年	3.5	20年	0.1		
				21年	0.2		
		22年	10	22年	1		
		23年	25	23年	3		
24年	80~100	25年	60	25年	5		
				26年	10	27年	10,166
30年	130					30年	12,907
35年	200	35年	160	35年	10	35年	16,115
40年	350	40年	350	41年	20	40年	24,102
45年	550	45年	560	44年	30	45年	40,961
50年	1,000	50年	1,400	51年	60	50年	91,272
55年	1,400	55年	2,300	55年	100	55年	118,138
63年	1,500	60年	2,700			60年	144,541
3年	1,700					元年	165,102
		5年	3,200	5年	130	5年	195,463
						10年	201,367
		13年	3,618				
18年	1,800	18年	3,706	30年	140	16年	203,537

※単位:大人1人 ※単位:大人1人 ※単位:山手線初乗り 大人1人 ※単位:大卒男子事務系

あなただけの本、出版してみませんか
自分史をはじめ、句集、歌集、写真集など、ご家族、ご友人、お子さん、お孫さんに伝えたいあなただけの足跡。
経験豊かな編集スタッフが、ご要望にきめ細かく応えます。

まだ原稿のない方も気軽にお問い合わせください
希望者には基準料金表の入ったパンフレットを差し上げます

見積もり・ご相談
無料

お問い合わせ ＊ 下野新聞社編集出版部 028-625-1135（平日9:30〜17:00）

参考文献等

【年表 栃木県のあゆみ】	下野新聞社	1978年	
【戦後値段史年表】	朝日新聞社	1995年	週刊朝日［編］
【栃木県万能地図】	下野新聞社	2006年	
【自分史を書くための戦後史年表】	朝日新聞社	2007年	
【物価の文化史事典】	展望社	2008年	森永卓郎［監修］
【下野新聞で見る昭和・平成史Ⅰ 1926-1951】	下野新聞社	2015年	下野新聞社［編］
【下野新聞で見る昭和・平成史Ⅱ 1952-2015】	下野新聞社	2016年	下野新聞社［編］
【詳説日本史図録（第7版）】	山川出版社	2017年	

※資料ページの小学校・中学校統廃合一覧、県内高等学校・大学・短大・高専のページを作成するにあたりましては、各学校・自治体のホームページ、その他wikipediaのページ、また各市町村史を参考にしました
※資料ページの物価指数表を作成するにあたりましては、「総務省」「内閣府」のホームページを参考にしました

とちぎで生きるあなたの記録帳
マイヒストリーブック

2019年　4月19日　第1刷発行

編集・発行	下野新聞社
	〒320-8686　栃木県宇都宮市昭和1-8-11
	TEL.028-625-1135（編集出版部）
	FAX.028-625-9619
装丁・デザイン	imagical（イマジカル）
印　　　　刷	株式会社シナノパブリッシングプレス

Ⓒ Shimotsuke shimbunsha 2019 Printed in Japan
ISBN978-4-88286-734-0 C0078

＊定価はカバーに表示してあります。
＊落丁本・乱丁本はお取替えいたします。
＊本書の無断複写・複製・転載を禁じます。